» LE SPADE

VOLUME 41

IL CORAGGIO DI RESTARE

STORIE DI IMPRENDITORI ITALIANI CHE ANCORA SCOMMETTONO SUL NOSTRO PAESE

di

GRAZIA LISSI

LONGANESI

Longanesi & C. © 2015 – Milano
Gruppo editoriale Mauri Spagnol

www.longanesi.it

ISBN 978-88-304-4206-1

Per eventuali modifiche ed errata corrige:
www.longanesi.it/ilcoraggiodirestare/errata corrige

IL CORAGGIO DI RESTARE

« ... migliaia, milioni di individui lavorano, producono e risparmiano nonostante tutto quello che noi possiamo inventare per molestarli, incepparli, scoraggiarli. È la vocazione naturale che li spinge; non soltanto la sete di denaro. Il gusto, l'orgoglio di vedere la propria azienda prosperare, acquistare credito, ispirare fiducia a clientele sempre più vaste, ampliare gli impianti, abbellire le sedi, costituiscono una molla di progresso altrettanto potente che il guadagno ».

Luigi Einaudi, 15 settembre 1960

Introduzione

Questo libro nasce da un'idea fotografica che mi si è trasformata fra le mani. Due anni fa ho proposto a un periodico una serie di ritratti di imprenditori italiani. Come spesso accade dopo un'accoglienza entusiastica iniziale la mia proposta è stata dimenticata. Per l'occasione ho visitato un'azienda nel Centro Italia. In ogni reparto ho scoperto una straordinaria cura del dettaglio e un'altissima professionalità in ogni dipendente. Più che un'azienda mi è sembrata un laboratorio di alto artigianato in cui lavorano più di cento persone, nessuna inadeguata all'incarico. L'imprenditore mi ha illustrato i vari passaggi che portano alla perfezione del prodotto finito, destinato per il novanta per cento al mercato estero. Mi è sembrata un'immagine preziosa in questi tempi di crisi. Un'immagine da conservare, o meglio una bella storia da raccontare.

Da qui nasce l'idea di dar voce a storie di imprenditoria positive. Di far conoscere chi ancora scommette sul nostro Paese rendendolo più solido di quel che a volte pensiamo. Siamo infatti fin troppo abituati a sentire deprecare l'Italia, a deprimerci nel pensare che le migliori risorse umane siano in fuga e che chi resta lo fa solo in mancanza d'alternativa. Comunemente fare impresa in Italia è considerato una corsa a ostacoli in cui raramente si arriva al nastro del traguardo.

In realtà fra quelli che potrebbero tranquillamente andarsene c'è chi sceglie caparbiamente di restare.

Sono molte le aziende d'eccellenza che rinunciano a offerte provenienti dai Paesi esteri che garantiscono condizioni migliori: sgravi fiscali, tasse sul lavoro ripartite in modo più conveniente, una burocrazia veloce.

Le imprese che rimangono dimostrano non solo una buona dose di coraggio ma anche la capacità di intravedere soluzioni che a molti sfuggono. E attraverso il loro sguardo rivolto al presente ma anche al futuro possiamo riconsiderare con più ottimismo il nostro Paese.

Le ragioni che inducono chi fa impresa ad avere fiducia nonostante tutto sono varie, a volte nascono da vicende personali, altre dalle evoluzioni impreviste dell'azienda. I diciotto imprenditori che questo libro si è proposto di ritrarre hanno ragioni molto personali per non abbandonare l'Italia ma anche alcuni denominatori comuni.

Non se ne vanno perché sono legati a un'area che hanno visto fiorire e rifiorire, a una regione da cui attingono materiali, mano d'opera altamente specializzata che altrove non troverebbero. Perché a detta di tutti i soggetti intervistati, solo se si investe nel capitale umano si può tenere alta la qualità della produzione.

Non se ne vanno perché spesso hanno assunto i figli dei dipendenti che hanno raggiunto l'età della pensione e con loro hanno proseguito. Non se ne vanno perché non vogliono nemmeno lasciare il posto dove sono nati e cresciuti: lì è iniziata la loro avventura umana prima che industriale.

Altri restano per gratitudine verso una terra feconda, perché senza il sole e il mare le loro produzioni non sarebbero così eccellenti. Questo legame viscerale con i luoghi è spesso fonte di comportamenti virtuosi verso l'ambiente. I materiali di scarto del processo di lavorazione di prodotti come la ceramica, il vetro, il marmo vengono regolarmente recuperati.

Queste figure di imprenditori tradizionali sanno rinnovarsi senza tradire le proprie origini. Ogni cambiamento è affrontato sulla linea del rilancio del territorio. Naturalmente questo non significa chiudersi ai rapporti con l'estero, ma puntare sulla propria identità.

Gli incessanti investimenti su ricerca, nuove tecnologie, corsi di formazione portano prima o poi i loro frutti.

Sono imprenditori fieri del loro fiorente passato, che trovano forti motivazioni per il futuro: secondo loro il Made in Italy deve venire alla luce, come un tempo, solo in Italia.

Queste storie ci aiutano a riscoprire valori universali. E le vite dei loro protagonisti sembrano romanzi d'avventura. Ma sono tutte vere. E italiane.

G.L.

PIANOFORTI FAZIOLI

Sacile, Pordenone

Tutta colpa di Ravel. Paolo Fazioli ancora ricorda i brani che portò all'esame per il diploma di pianoforte. Due *Corali* di Bach, la *Sonata op. 90* di Beethoven, lo *Studio trascendentale n. 10* di Liszt, la *Rapsodia op. 119* di Brahms e infine la *Sonatine* di Ravel. Furono i passaggi rapidi nel terzo movimento di quest'ultimo brano a rivelargli che forse non disponeva delle doti necessarie per realizzare il sogno che coltivava fin dall'infanzia, e che forse gli mancavano l'agilità e la fluidità indispensabili per poter puntare a una carriera da pianista.

E così Paolo, già laureato in Ingegneria meccanica, assecondò le aspettative del padre e dei fratelli maggiori e varcò l'ingresso dell'impresa di famiglia, la MIM, Mobili italiani moderni, fondata da suo padre Romano nel 1957, a Roma. Non si trattava di un mobilificio qualunque, ma di uno dei marchi più prestigiosi del design italiano, leader nella produzione di mobili per ufficio e nella ricerca sui materiali. Eppure Paolo non riusciva a rassegnarsi, a rinunciare definitivamente all'idea di dedicare la propria vita al pianoforte.

Aveva iniziato a studiare lo strumento a dieci anni, dopo che la famiglia si era trasferita dal centro di Roma, dov'era nato, a Forte Bravetta, sulla strada che dalla capitale conduce al mare. Qui, in un piccolo quartiere, all'epoca immerso nei campi, suo padre aveva appena aperto una nuova fabbrica e Paolo ebbe modo di incontrare tre anziane insegnanti di musica. Di esse, Giuseppina Amalberti, allieva in gioventù di Giovanni Sgambati, con un passato da concertista e un desiderio bruciante di trasmettere agli allievi la sua passione per il pianoforte fu la sua iniziale insegnante.

Il ragazzo si entusiasma subito e, pur non avendo a casa uno strumento su cui esercitarsi, non si scoraggia. Un giorno si presenta alla lezione con un grande foglio da disegno, una matita, una squadra, un metro e comincia a prendere le misure esatte della tastiera. Tornato a casa trasferisce su una tavola di compensato gli ottantotto tasti e su quello strumento muto comincia a simulare i gesti imparati durante le lezioni.

L'Amalberti, però, lo segue solo per tre anni: l'età e la salute non le consentono di proseguire. Paolo è costretto a cambiare insegnante di pianoforte, ne incontra uno con il quale non riesce a stabilire un buon rapporto e perde anni di studio. La riconciliazione con lo strumento arriva quando incontra Sergio Cafaro, il maestro che lo porterà al diploma del conservatorio. Intanto Paolo si iscrive alla facoltà di

Ingegneria e nello stesso tempo, come privatista, dà gli esami di solfeggio, di armonia e storia della musica. Si laurea nel 1969 presso l'Università di Roma e due anni dopo consegue il diploma al Conservatorio Gioacchino Rossini di Pesaro. Ma l'azienda di famiglia lo chiama. Nel frattempo i fratelli maggiori subentrano al padre nella gestione dell'azienda e Paolo è con loro, diventa responsabile di produzione nello stabilimento di mobili di Roma, impara a conoscere i legnami, a gestire il lavoro e gli operai, eppure continua a ricordare con tenerezza quel bambino che disegnava i tasti bianchi e neri su una tavola di legno. Alla fine decide di dargli un'altra possibilità e si iscrive a un corso di composizione sperimentale con Boris Porena all'Accademia di Musica Santa Cecilia di Roma. Non si trova però a suo agio in quel gruppo che si ispira alle avanguardie musicali più criptiche. Nemmeno questa è la strada giusta da percorrere.

A trentun anni, su richiesta dei fratelli, Paolo accetta di dirigere la fabbrica di Settimo Torinese, che conta più di ottanta dipendenti e dove si costruiscono mobili in metallo per ufficio. È il 1975, un anno contrassegnato da conflitti sociali e scioperi a oltranza, e proprio allora Paolo ha finalmente l'idea che gli consente di dare spazio nella sua vita di imprenditore e ingegnere alla travolgente passione per la musica: costruire pianoforti, sfruttare la sua esperienza per creare strumenti di altissima qualità.

Il primo contatto con un esperto del settore è però scoraggiante. Paolo si rivolge al professor Pietro Righini, fisico, esperto di acustica applicata agli strumenti musicali, che lo guarda con stupore, ricorda. Gli dice che costruire pianoforti al giorno d'oggi rappresenta un'avventura troppo ambiziosa.

La situazione è statica, i giochi sono già fatti. Il business del pianoforte è legato a industrie conclamate, nessun commerciante accetterà mai di tenere un marchio sconosciuto su cui non può guadagnare abbastanza. Inoltre quel ragazzo intraprendente e ingenuo vuole creare pianoforti solo per i musicisti e non sembra interessato a fare soldi. Non entrerà mai nel giro.

Ma Paolo non si lascia scoraggiare. A Milano, conosce Lino Tiveron che lavora presso una fabbrica artigianale di pianoforti. Dopo quell'incontro ha finalmente la certezza di essere sulla strada giusta. Insieme iniziano a immaginare una fabbrica di pianoforti a coda, su diversa scala: non un prodotto industriale e standard ma qualcosa di diverso che nessuno ha mai ascoltato. Il desiderio di dedicarsi totalmente al progetto aumenta dopo una lunga chiacchierata con Guglielmo Giordano, tecnologo del legno e amico di famiglia. Rassicurato dai nuovi contatti, Paolo torna dal professor Righini e, questa volta, lo convince a collaborare all'impresa. Il giovane ingegnere è così determinato che il professore si lascia coinvolgere nell'ideazione. Da perplesso e dubbioso diventa un suo strenuo sostenitore.

Ora serve il luogo giusto per iniziare il lavoro. A Sacile, non lontano da Pordenone, c'è un altro stabilimento appartenente alla famiglia, specializzato in produzione di mobili di legno pregiato come il palissandro, il mogano, il teak. All'interno di questa struttura, viene ritagliato uno spazio di circa duecento metri quadrati che costituirà il primo insediamento della nuova fabbrica di pianoforti Fazioli. « Prima di me c'erano stati piccoli artigiani che avevano provato a costruire pianoforti in Italia e, per venderli, anziché dar loro il proprio nome, si erano inventati nomi di fantasia che suonavano 'tedesco'. Non ho mai pensato di fare così. L'identità italiana per un'azienda come la nostra è fondamentale. »

La partenza è in sordina, quasi un pianissimo. L'impresa è composta solo dal titolare e due dipendenti. Nel 1980 Paolo Fazioli inizia a progettare, studiare i materiali, cercare fornitori. Tante sono le tipologie del legno, ognuna con una sonorità diversa. Giordano propone di utilizzare, per la cassa armonica, l'abete rosso della Val di Fiemme, lo stesso usato nel Settecento da Antonio Stradivari per costruire violini, viole, violoncelli dal suono perfetto. Il primo prototipo viene siglato F183, un mezzacoda lungo appunto 183 cm, adatto a tutto il repertorio musicale sia per i differenti registri nella tessitura sia per la flessibilità timbrica. Nei suoni e nei timbri ci sono sfumature a cui altri pianoforti non riescono ad arrivare. Mentre lavora alla realizzazione pensa alla musica di Claude Debussy, all'impressionismo musicale, ai colori nelle sue composizioni che devono essere messi più in luce.

La conferma dell'eccelsa qualità dello strumento arriva a novembre da Margaret Barton. La pianista inglese è di passaggio a Sacile per un concerto, il teatro è sprovvisto di un pianoforte e si sta cercando di affittarne uno. Un addetto al palcoscenico le dice che « nel paese c'è uno che li costruisce, un certo Fazioli ». Lei non l'ha mai sentito nominare, non può suonare un pianoforte sconosciuto. Ma non ci sono alternative: non resta che precipitarsi da lui a provare lo strumento. E non appena tocca la tastiera, Barton resta stupita dal suono pastoso e ricco, dal perfetto equilibrio fra acuti e bassi e decide di esibirsi con quello strumento. È la prima volta che il pianoforte Fazioli F183 viene suonato in pubblico. Ed è un trionfo.

Nello stesso periodo viene creato il prototipo F156 che, nonostante sia più piccolo, ha un eccellente volume del suono e un timbro pulito. Il gran coda siglato F278 segue e arriva come la coronazione di una lunga e sofisticata ricerca acustica. È studiato per le sale da concerto di ampia dimensione, mentre il modello F228, pianoforte a tre quarti di coda, si rivolge a sale medie e piccole.

Per il momento però non c'è ancora alcun ritorno commerciale a fronte di un grande investimento di tempo, fatica e denaro. Paolo è il più giovane di sei fratelli, la scelta di buttarsi in una nuova attività è stata vista dalla famiglia con scetticismo. Nessuno ci aveva creduto, tranne Virgilio, il maggiore. Fra lui e Paolo ci sono quindici anni di differenza, ma la voglia di sperimentare e l'amore per la cultura sono gli stessi. Virgilio non si stupisce delle prime conferme, ne è sempre stato sicuro, ammira l'intraprendenza e la tenacia del fratello. L'unico timore, quasi paterno, è che sia giudicato troppo giovane e inesperto. Gli ripete spesso: « Devi darti importanza, quando vai dai clienti fatti accompagnare da qualcuno più anziano ».

La prima presentazione dei quattro strumenti avviene in Italia, ma Paolo Fazioli è già proiettato verso l'Europa. Nel febbraio 1981 espone alla Frankfurt Musikmesse, la fiera più importante del settore. La sua irruzione sul mercato è una svolta epocale nel mondo del pianoforte. Da più di cento anni, i pianoforti famosi vengono costruiti in modo identico, dalle stesse grandi aziende internazionali. Che ci fa un costruttore italiano in mezzo a Steinway&Sons, Yamaha, Bösendorfer? Il pubblico della fiera è perplesso ma nell'ambiente dei musicisti non si fa che parlare di questo debutto. Un passaparola che diventa una pubblicità inarrestabile.

Il mondo dei pianisti è più piccolo di quello che

il pubblico immagina. Il nome Fazioli diventa il filo di Arianna fra un artista e l'altro. E il numero degli estimatori è in costante crescita. Nikita Magaloff lo suona per la prima volta nel dicembre 1982 al Teatro comunale di Monfalcone, una soddisfazione per l'azienda, a cui il pianista russo predice un grande futuro. Aldo Ciccolini, nel 1984, sceglie di esibirsi con un pianoforte Fazioli al Teatro alla Scala di Milano. Paolo passa tutta la giornata in palcoscenico con l'accordatore nel timore che qualcosa possa non funzionare. Il concerto va benissimo, il suono è pulito e bello, ma ancora oggi Paolo non saprebbe dire quali pezzi avesse interpretato Ciccolini, tale era la sua emozione mentre lo ascoltava.

Negli anni sono tanti gli interpreti della grande musica che hanno scelto il pianoforte Fazioli. Angela Hewitt ne resta sedotta al primo incontro riconoscendone il suono «ricco di colore e vivace» e per Friedrich Gulda «è un pianoforte dal suono nobile». «Non l'ho mai proposto a nessun musicista, sono loro che mi contattano», afferma orgoglioso Paolo.

La crescita della Fazioli Pianoforti è inarrestabile. Quando nel 2000 il mobilificio di famiglia chiude, Paolo assume i migliori dipendenti che precedentemente vi lavoravano. Oggi, dalla fabbrica di Sacile, escono ogni anno centotrenta strumenti, ma la produzione si sta estendendo per arrivare a centosessanta, di cui il novanta per cento destinato ai mercati esteri. Nella fabbrica di Sacile lavorano quarantacinque persone, e ci vogliono due anni per completare un pianoforte forgiato in ogni dettaglio dalle mani esperte degli artigiani. Sono sei i modelli prodotti, fra i quali il pianoforte gran coda F278, riconosciuto dalla rivista *The Economist* come il migliore al mondo. Di recente è entrato in azienda il figlio di Paolo, Luca Fazioli, una laurea in Economia, una passione per la musica e un certo fiuto per il marketing. La prima volta che Herbie Hancock ha suonato un pianoforte Fazioli è stato a Umbria Jazz nel 1998 e da allora non ha più smesso di suonarlo. Nel 2003, dopo l'acquisto di un gran coda F278, ha scritto a Paolo: « Oggi è un gran giorno per me, sono l'orgoglioso proprietario di un pianoforte Fazioli. Il tuo piano può, con il suono di una nota, annunciare l'esplosione della libertà e della creatività dello spirito umano. Per favore continua a fare ciò che fai. Gli artisti e gli ascoltatori saranno felici ».

GIOSTRE ZAMPERLA

Altavilla, Vicenza

Mancavano cento giorni, poi Coney Island si sarebbe di nuovo riempita di sogni. Alberto Zamperla sapeva di potercela fare. Guardò le attrazioni create per il Luna Park, le stesse che aveva immaginato il giorno in cui l'azienda americana Central Amusement International gli aveva comunicato che insieme avrebbero ricostruito il leggendario Luna Park, attivo dal 1903 al 1946.

Ora tutto era pronto per l'inaugurazione, il 28 maggio 2010: i tecnici stavano svolgendo i collaudi e, in attesa dei bambini, le tazzine bianche e blu giravano attorno alla gigantesca teiera della giostra Tea Cup. Come scritto su uno spartito musicale, il suono di *Volare*, l'attrazione che simula il deltaplano, si diffuse nell'aria. La Vertical Swing si riempì di luce e per alcuni minuti la torre centrale, alta quaranta metri, dominò lo scenario.

Alberto contò di nuovo, mentalmente, i milleottocento camion che aveva visto caricare e scaricare, i quarantatré container arrivati da oltreoceano, le trecento persone che ininterrottamente lavoravano al progetto: non mancava nessuno.

Sorrise pensando alle tante volte in cui, in Italia, si era presentato dicendo: «Costruisco giostre», e puntualmente si era sentito rivolgere la stessa domanda: «Lavora per gli zingari?»

A New York nessuno faceva un'associazione così balorda, ma l'America, per Alberto, era proprio un altro pianeta. L'aveva amata da sempre, eredità di una passione famigliare. Per questo, quando suo padre gli aveva proposto di trasferirsi in Canada, non ci aveva pensato due volte. Era il 1976: a venticinque anni aveva lasciato Venezia e la facoltà di Economia aziendale, chiesto a Paola, la sua ragazza, di sposarlo prima di partire insieme. Un altro viaggio, il primo di una lunga serie, che avrebbe portato la Zamperla S.p.A. ad aprire network di filiali e aziende collegate in tutto il mondo. D'altronde in famiglia la voglia di viaggiare si era tramandata di generazione in generazione, come un tratto genetico. Impossibile da eliminare.

Tutto inizia a metà dell'Ottocento con Angelo, il capostipite della dinastia, ginnasta talentuoso e raffinato pasticcere. La passione per l'attività fisica lo spinge a ricercare una bellezza dinamica, che trova in Anna Bastico, cavallerizza famosa per i salti mortali e venuta a esibirsi a Ferrara, la sua città.

Fra un esercizio acrobatico e l'altro, lei lo guarda, e lui non sa resistere, abbandona il pan pepato e la segue. Dal loro amore nascono un circo e quattro figli pronti a seguire lo stesso destino, almeno nelle intenzioni.

Umberto, ultimogenito di Anna e Angelo nonché nonno di Alberto Zamperla, si diverte a raccontare al nipote le proprie disavventure sotto il tendone. In uno dei suoi aneddoti preferiti ritorna al giorno in cui, eseguendo un doppio salto mortale, anziché cadere sulla sella si ritrova davanti al cavallo che, imbizzarrito, gli sferra una zoccolata sulla testa. Per dimostrare che si tratta di una storia vera, prende la mano del nipotino e se la passa fra i capelli, dov'è rimasta l'impronta del ferro di cavallo. Lo narra in toni lievi, per non impressionare, ma da quell'episodio Umberto capisce che il circo non è la sua strada.

All'inizio del XX secolo Umberto va a Parigi per acquistare dalle officine Pathé Frères uno dei primi proiettori progettati dai fratelli Lumière. Non ci sono molte pellicole e gli spettatori sono tanti, tantissimi. Tutti ne hanno sentito parlare, pochi sono riusciti a vedere la grande novità. È il primo cinematografo ambulante italiano, ma uno solo non riesce a soddisfare le richieste. Umberto ne costruisce altri tre, assume dei dipendenti e aumenta le piazze.

Il cinematografo ambulante è un luogo di sogni e magia, come lo sono oggi i parchi di divertimento. Davanti allo schermo illuminato puoi immedesimarti in un cavaliere valoroso e vincere un torneo, puoi volare lontano, scalare incredibili montagne e a fine spettacolo ritornare a casa felice.

Umberto si è innamorato delle sue pellicole e

quando vede i primi film in cinemascope e in technicolor, non si spaventa: troppo colore, troppo rumore, la gente non avrebbe apprezzato. Continua a girare proponendo la sua idea di cinema, muto e in bianco e nero, sebbene gli spettatori calino di proiezione in proiezione.

Non pensa di aprire una sala cinematografica in una delle tante città in cui è conosciuto. Dopo decenni di vita da girovago non riesce a fermarsi. Viaggiare significa avere una visione più ampia del mondo e lui, con il suo lavoro, è fra i pochi a potersela permettere. La fine della Seconda guerra mondiale non porta la ripresa che si aspettava: gli affari vanno male, il cinematografo ambulante non interessa più a nessuno. L'Italia vuole solo dimenticare.

Intanto, altri pezzi della famiglia Zamperla viaggiano per le strade d'Italia sotto le luci del palcoscenico. Oltre ai circensi, ci sono i fondatori di una compagnia di Teatro dell'Arte sorta negli anni Venti per recitare le commedie di Carlo Goldoni. E poi Nazzareno Zamperla, nato a Treviso nel 1937, attore e stuntman che prende parte a pellicole del fortunato genere spaghetti western come *Una pistola per Ringo* di Duccio Tessari. La fama della famiglia raggiunge anche Federico Fellini, che chiama il protagonista di *La strada* Zampanò, contraendo i cognomi di due famose compagnie circensi, gli Zamperla e gli Stanò.

Per gli artisti ambulanti, però, il momento è difficile. La società sta cambiando. Le grandi sale cinematografiche attraggono gran parte degli spettatori e comincia a diffondersi la televisione. Per riconquistare il pubblico bisogna rinnovarsi.

Antonio, il primogenito di Umberto, ha l'idea più originale: non vuole solo portare le attrazioni nelle varie piazze del Nord Italia, ma cominciare a costruire giostre per bambini ispirandosi a quelle per adulti.

Progetta un piccolo autoscontro in cui ogni macchina in pista riproduce fedelmente quelle che i grandi guidano per le città, e lo porta nelle fiere di paese. Attento ai cambiamenti della società, ha intuito il nuovo mercato: la famiglia.

Arrivano gli anni Sessanta e il boom economico: divertirsi è un obbligo. Su richiesta dei colleghi giostrai, Antonio crea altre attrazioni, loro le acquistano e così inizia un piccolo business.

L'uomo di spettacolo, che gira il mondo da quand'è nato, si ferma davanti a una fabbrica di fibra di vetro, il materiale fondamentale per la realizzazione dei modelli. Da allora il nome di Antonio Zamperla è legato a un prodotto specifico e a un luogo, Altavilla, un paese vicino a Vicenza, dove si trasferisce. Più le sue attrazioni si diffondono in Europa, più l'imprenditore spera nel mercato americano. Non riesce a smettere di sognare.

Ha lasciato ai figli la libertà di decidere il loro futuro, ma quattro su cinque sono rimasti legati all'azienda. Alberto, il primogenito, la frequenta da quando si è iscritto all'istituto tecnico industriale di Vicenza. La mattina va a scuola, il pomeriggio in fabbrica. Vuole vedere il mondo, così accompagna i montatori ogni volta che devono installare una giostra all'estero.

Ma viaggiare non gli basta, cerca l'indipendenza, ha la stoffa dell'imprenditore, costruisce accessori per le macchine da rally e li vende agli amici. E, non dovendo pagare operai e manodopera, guadagna bene. Troppo, tanto che ormai trascura l'azienda di famiglia.

Antonio, paziente, rivede in quel figlio il sangue nomade e l'inquietudine di suo padre e di suo nonno. Per ravvivare il suo interesse per il mondo delle giostre, gli affida la responsabilità del reparto in cui si costruiscono gli articoli provaforza, in particolare il «pugnometro». Alberto li promuove nelle fiere europee di settore e ottiene un grande successo. Ormai Antonio ha deciso: dà a lui l'incarico di trasformare il sogno americano in un progetto. E ancora una volta il figlio non lo delude. Contatta un'agenzia pubblicitaria, studia una nuova immagine aziendale. In ogni fiera il loro stand si riconosce perché è il più attraente: colori, musica e giostre uniche, inimitabili.

Alberto, poco più che trentenne, ha il culto dell'efficienza, si sente quasi onnipotente, pensa di non sbagliare mai. Fino all'eccesso. Una volta, si convince che una dipendente è inadeguata al lavoro, o forse ai suoi parametri, e la licenzia. Il padre, un uomo saggio e di buon senso, non ci pensa due volte e riassume l'impiegata: « Non lascerò mai a casa una donna separata con tre figli ». Alberto si sente umiliato, minaccia di andarsene, ma resta nell'azienda, e anche questa diventa una lezione importante per essere un vero imprenditore.

La Antonio Zamperla S.p.A. cresce in tecnologia, ricerca e dipendenti, e all'inizio degli anni Novanta arriva per tutti la consacrazione: a Parigi aprirà Eurodisney e la maggior parte delle attrazioni viene progettata ad Altavilla, provincia di Vicenza. Anni di lavoro e studio finalmente riconosciuti. Ma c'è un ultimo ostacolo da superare.

Ormai gli ultimi pezzi stanno per essere ultimati e in un capannone la giostra dedicata a Peter Pan aspetta di uscire e spiccare il volo. Fra pochi giorni gli ispettori della Disney passeranno per dare il loro imprimatur, le giostre devono essere consegnate nella data concordata dal contratto.

Ma sono gli anni degli scioperi selvaggi, e quando Alberto vede i picchetti davanti ai cancelli della fabbrica sente il mondo crollargli addosso, vede le fideiussioni scadere, i debiti, la rovina dell'azienda. Convoca tutti i dipendenti, prospetta i rischi legati al proseguimento degli scioperi e conseguente sforamento della data di consegna, richiama tutti al proprio senso di responsabilità. Alcuni dipendenti ci ripensano e lavorano giorno e notte per finire in tempo. «Adesso non sarebbe più così drammatico», dice Alberto, «quelli della Disney ormai mi conoscono. Sanno che sono un uomo di parola, se prometto qualcosa la mantengo.»

Oggi la Zamperla S.p.A. esporta il novantotto per cento del prodotto, ha distributori esclusivisti negli Stati Uniti e sedi importanti o uffici di rappresentanza nelle Filippine, in Cina, in Russia, in Bielorussia, in Slovacchia, negli Emirati Arabi. Un piccolo impero del divertimento cresciuto all'insegna del motto: Paese che vai, usanze che trovi. Nei Paesi musulmani i luna park sono uno dei pochi svaghi concessi e in Arabia Saudita uomini e donne non possono stare insieme, quindi ogni parco ha un suo gemello identico per le mogli e i bambini.

Dalla sua esperienza americana, Alberto ha imparato che i contatti con il mercato devono essere diretti, quindi ogni volta che apre una sede all'estero l'azienda assume sul luogo i dipendenti. «Non voglio persone pronte a voltarmi le spalle: mi devo fidare di tutti.»

E poi ci sono Antonio e Alessandro, i suoi figli, che da bambini sognavano di diventare collaudatori di giostre e adesso invece le producono e le commercializzano: il primogenito in Italia, il secondo negli Stati Uniti.

Antonio junior ha la passione per il carro dei pompieri americani fin da quando aveva sei anni e gliene avevano regalato uno in miniatura, rosso, con tante luci e il motore incorporato. Nei giorni di chiusura degli uffici lo guidava nei corridoi, schivando le scrivanie. La sua passione dell'infanzia oggi è diventata una giostra: tanti piccoli camion dei pompieri ruotano attorno a una casa in fiamme e i piccoli visitatori devono spegnere l'incendio.

Una passione trasformata in lavoro, secondo la tradizione di famiglia, a cui si aggiungono le tante professionalità della Zamperla S.p.A., un'impresa autonoma e indipendente che segue e produce ogni dettaglio. « So che l'azienda può entrare in qualsiasi settore, sappiamo fare di tutto, dall'idraulica all'elettronica », dice con fierezza Alberto. Se si possono creare tante cose, altre si possono rifiutare. Come la richiesta, giunta da una grande società, di progettare una macchina per il trasporto di munizioni. Alberto ci pensa e ci ripensa: « Come posso accettare? A me piace rendere felici le persone ». Quella sera stessa i tecnici lo ringraziano per aver rinunciato a una proposta allettante ma lontana dai loro sogni.

« So che, se chiedessi ai miei ingegneri e ad alcuni dipendenti di trasferirsi, mi seguirebbero. Con tutte le tasse che pagano qui, non ci penserebbero due volte. » D'altra parte Alberto sa che non tutti partirebbero, e così la Zamperla S.p.A. resta per loro, per conservare quella creatività che a volte esplode ad Altavilla e poi, come un boomerang, tocca tutti i continenti seminando attrazioni e buonumore.

Oggi nel Luna Park di Coney Island ci sono ventinove giostre e sedici giochi, vi lavorano ottanta dipendenti fissi che, con gli stagionali, passano a centocinquanta da aprile a novembre e ottocento da maggio a settembre. È un punto di riferimento per turisti e newyorkesi.

« In questi anni di crisi come non regalarsi una giornata al Luna Park? È meglio di una vacanza, costa meno, piace ai single, ai gruppi, alle famiglie, così cambiate negli ultimi decenni. Prima, sulle giostre i posti erano sempre pari: o due, o quattro, oggi le costruiamo anche con i posti dispari. Così va il mondo », sottolinea Alberto.

Ma il Gran Mogol di Coney Island è il Thunderbolt, la più spettacolare montagna russa finora costruita dalla Zamperla. « La salita è verticale, la macchina arriva a trentacinque metri di altezza, nella prima discesa raggiunge i novanta chilometri all'ora. » Un debutto da star, nei giorni dell'inaugurazione sono stati registrati più di un miliardo di clic sul sito.

Alberto alza il viso verso il Thunderbolt, strizza gli occhi azzurri e pensa a un'immagine di Kabul che ha visto in un giornale, anni fa. Gli americani erano arrivati da poco e, intorno a un pezzo di artiglieria, un gruppo di ragazzi utilizzava i bossoli delle batterie, vi aggiungeva una crociera, delle corde e realizzava una giostra. « Se è possibile, perché non far sognare un bambino? »

SCARPINE DA BALLO PORSELLI

Milano

Rigide. La bambina guarda le scarpine Porselli e con un dito ne accarezza la punta. La curiosità dell'attesa coltivata per intere settimane si esaurisce in un attimo. Rigide, rosa e perfettamente uguali. Le gira e sulla suola di cuoio scrive una D e una S, destra, sinistra, non può confonderle. È una ballerina.

Questo antico rituale si rinnova ogni anno, all'inizio di ogni corso di danza. Un esercito di piccole allieve lo compie con un unico desiderio: varcare sulle punte i palcoscenici dei teatri del mondo, o almeno quelli che ospitano i grandi balletti.

Vanna Porselli questo sogno l'ha coltivato per tutta l'infanzia, certa che si sarebbe realizzato. Cresciuta fra nastri e rasi, pensava che i suoi passi si sarebbero trasformati in un veloce *pas de bourrée.* Non è mai accaduto. Oggi tuttavia è fiera di dire che le scarpine prodotte nella sua azienda situata alle porte di Milano hanno scritto pagine di storia della danza. Stando sulle punte, ovviamente.

La storia dell'azienda è racchiusa in alcuni album di fotografie, ciascuna accompagnata da una dedica affettuosa. Le prime immagini sono in bianco e nero, le più recenti a colori. Ci sono *arabesque* e *grand jeté*, protagonisti i ballerini che dal 1919 a oggi hanno danzato con le scarpine Porselli. Le prime vengono confezionate da Eugenio, il nonno di Vanna, operaio nella calzoleria Niccolini di Milano, specializzata in punta e mezza punta. Quando, dopo aver vissuto la Grande Guerra e visto tanti morti, il proprietario decide di chiudere la ditta, Eugenio si offre di rilevarla. È il 1919, appunto, Eugenio si è sposato da poco: sobbarcarsi il peso del laboratorio è un rischio e un sacrificio. Ma la moglie, Giovanna, è al suo fianco e lo incoraggia. Fa la camiciaia, sa cucire a macchina e riconoscere i tessuti: insieme ce la faranno.

Con lo stesso coraggio, dopo essere rimasta vedova poco più che trentenne, Giovanna trova naturale continuare da sola, nonostante le chiacchiere del quartiere: « Una donna imprenditrice? Chi si crede di essere? » Trova la forza di farlo per i suoi due gemelli, Primo e Primina, e perché nel frattempo sono iniziate le esportazioni. In Francia, in Inghilterra, si sono accorti del marchio « Eugenio Porselli », come si chiama ancora oggi l'azienda.

A Londra nei primi anni Trenta si è trasferito Colombano, lo scapolo di famiglia, che ha aperto un negozio di forniture per la danza e si è innamorato di una bella commessa. Per continuare a parlare italiano si incontra con Gamba, anche lui produttore di scarpine da ballo, e i due, mettendo da parte ogni possibile rivalità, si scambiano consigli sulle cuciture e il cuoio da usare.

La clientela è in costante aumento e Giovanna progetta di allargare il laboratorio, ma la Seconda guerra mondiale ferma ogni progetto. Non si trovano più i materiali, gli artisti sono dispersi chissà dove. Nella notte fra il 15 e il 16 agosto 1943 una bomba colpisce la Scala. Il grande teatro resta sventrato, muto. Il corpo di ballo, il coro, come i professori d'orchestra, migrano verso altri palcoscenici, le attività cessano completamente.

Nessuno può però cancellare la passione per la musica, il bel canto, la danza. Quando Toscanini rientra a Milano, tutti sono pronti a ricominciare, anche i ballerini. Stessi passi su altri palcoscenici, ai piedi le scarpine Porselli e, uno dopo l'altro, si alzano i sipari del San Carlo di Napoli, dell'Opera di Roma, del Regio di Torino, del Verdi di Trieste.

Tutto ricomincia a girare. Farina vegetale, resine, amalgami naturali, sembra una formula alchemica invece è la lista degli ingredienti per l'impasto che, una volta seccato, diventa la punta della scarpina. Che non è quindi fatta di gesso o metallo, come si pensa comunemente. Dagli esordi dell'azienda le materie prime e la loro lavorazione non sono mai cambiate, ancora oggi in laboratorio se ne sente il profumo. D'altra parte, proprio come avveniva ai tempi di Eugenio Porselli, le artigiane continuano a montare a mano ogni capo, che viene foderato in cotone; le cuciture sono realizzate a rovescio, per non creare nessun problema a chi le indossa.

Ma la Porselli non resta confinata tra camerini e prosceni. Negli anni Cinquanta una scarpa ispirata a quelle utilizzate nella danza classica compare ai piedi di molte giovani donne. Si chiama « ballerina », rivoluziona la moda e diventa un classico della calzatura in voga ancora oggi. La indossano Audrey Hepburn in *Vacanze romane* di William Wyler e Brigitte Bardot in *E Dio creò la donna* di Roger Vadim. Basse, comode e sensuali lanciano un invito a tutte le signore: giù dai tacchi. E le donne lo accolgono. Afferrando al volo l'opportunità, l'azienda Porselli affianca alla produzione di scarpine da punta e da mezza punta quella delle ballerine cosiddette da passeggio. Un mercato che è tuttora in aumento.

Intanto alla guida dell'azienda l'eredità di Giovanna è colta da un'altra donna. La moglie di Primo, Liliana Teruzzi, trasforma la sua attività di imprenditrice in una vocazione: far conoscere e amare la danza, e diventa per tutti, nel mondo del balletto classico, la « signora Porselli ». Ogni ballerina ha desiderato conoscerla, per molte è stata amica, confidente. « Una donna accogliente e gentile », dice di lei Carla Fracci. Un'imprenditrice formidabile, seria e austera, in cui si intuiva, così raccontano i danzatori che l'hanno frequentata, l'autentica passione per i balletti e i loro interpreti.

Anton Dolin voleva assolutamente Carla Fracci,

per il ruolo di Giselle, ma lei l'aveva interpretata un'unica volta, in sostituzione di Liane Daydé. La ventunenne solista della Scala mise in valigia le sue Porselli già collaudate e partì per Londra con Beppe Menegatti, futuro marito e regista. Durante le prove, un salto finito male le gonfiò la caviglia; determinata e sofferente andò da un medico. Il giorno dopo riprovò le scarpine da punta e andò in scena. Giselle-Fracci, disse il pubblico per la prima volta, e questo binomio l'accompagnò per tutta la carriera.

Il luogo privilegiato per l'incontro tra Liliana e l'adorato ambiente del ballo è il negozio milanese inaugurato da Porselli nel 1970. Tutti noi amiamo sentirci a casa, ma per chi va in scena ogni sera la casa è il camerino e per gli spettatori fedeli è il palco. E così il punto vendita Porselli è creato per far sentire a proprio agio chi vive nel mondo della danza e chi ama il balletto. Anzitutto la sua posizione è ideale: accanto al Teatro Filodrammatici a due passi dalla Scala. L'interno poi si ispira ai palchi scaligeri, ci sono le poltroncine color avorio laccate oro, i divanetti di velluto rosso. I clienti, i ballerini, gli amici entrano, si siedono, scambiano due chiacchiere come fossero nell'intervallo fra il primo e il secondo atto dello spettacolo. Oppure in un camerino.

Con l'apertura del negozio debutta il marchio G.P., Giovanna Porselli, per l'abbigliamento da danza curato e prodotto da Vanna. E così si fa avanti una terza generazione di donne alla guida dell'azienda. Vanna confida di non aver mai studiato danza. « Forse non era nelle mie corde. Alla scuola di danza del Teatro alla Scala papà non voleva mandarmi, non aveva senso visto che non sarei stata una professionista. Avrebbe dovuto mandarmi a una scuola privata ma erano tutte nostre clienti. E per non fare torto a nessuno, non sono andata da nessuna parte. » Questo non le ha impedito di innamorarsi dei grandi balletti della tradizione e delle coreografie contemporanee.

Quando Liliana rimane vedova, a quarant'anni, non si perde d'animo e lavora notte e giorno nella memoria del marito. A dieci anni dalla sua scomparsa istituisce il « Premio Porselli. Una vita per la danza », che viene attribuito a madri e padri dell'arte tersicorea fra cui Alicia Alonso, Maurice Béjart, Martha Graham, Serge Lifar, Birgit Cullberg, Merce Cunningham, Majja Pliseckaja. All'ultima edizione, nel 2000, il premio va a Jiři Kylián. La prima, avvenuta nel 1980, ha come protagonista Bianca Gallizia, danzatrice, coreografa e dal 1950 direttrice della scuola del teatro San Carlo di Napoli, un'artista capace di affiancare con le sue coreografie i registi della lirica.

« Quando abbiamo premiato Margot Fonteyn, Rudolf Nureyev l'ha raggiunta a Milano da Parigi. Voleva esserle vicino, è stato il suo partner storico. Lui le ha ridato una nuova giovinezza e lei ha acceso i riflettori su quella grande stella del balletto russo rifugiatasi in Europa», ricorda Vanna. «Un uomo ritroso con una grande sensibilità, capace di provare sentimenti profondi.»

Galina Ulanova arrivò da Mosca per ricevere il premio, accompagnata da una segretaria che la seguiva giorno e notte. «Tutti pensammo fosse un'agente del KGB. L'artista parlava solo russo, così per la serata della consegna del premio avevamo contattato un'interprete, ma dal consolato sovietico ne mandarono un'altra: doveva essere una russa che parlasse italiano. Non viceversa.» La caduta del muro di Berlino era ancora lontana. L'étoile del Bol'šoj doveva rimanere cinque giorni a Milano, ma dopo due la curiosa accompagnatrice viene colpita dall'influenza: febbre, tosse e l'obbligo di rimanere a letto per il resto del soggiorno. Galina Ulanova è finalmente libera. Si è documentata, ha in mente tutto ciò che vuole vedere. Un giorno si fa portare a vedere il Duomo e il centro di Milano, un altro il Lago di Como, un altro ancora la Certosa di Pavia. «Prima della partenza ci disse che non si era mai divertita tanto come in questa breve vacanza.»

Nel 1974 Liliana e Vanna incontrano Ekaterina Maksimova e Vladimir Vasil'ev, le divinità del Bol'šoj. Mosca aveva dato loro il visto solo per tre giorni, per uno spettacolo al Festival internazionale del balletto di Nervi. «Non avevano nulla con sé, li abbiamo omaggiati di tutto: scarpine, calzamaglia, gambali, body, tutù. Ricordo la bellezza statuaria di lui, la riservatezza di lei. Fuori dal palcoscenico Maksimova era insignificante, un *nigutin d'or*, come si dice a Milano. Ma in scena si trasfigurava.»

In casa Porselli la danza contagia proprio tutti, compreso Dionigi, che di balletto all'inizio non ne sa proprio nulla, non ne ha mai visto uno, preferisce la musica classica e suona il pianoforte. È in vacanza a Sanremo quando incontra la futura moglie, Vanna. Oggi dirige la produzione Porselli. «Lavoravo all'IBM. Nel 1995 mi sono licenziato e ho cominciato a lavorare qui.»

Sfogliando il catalogo dell'azienda milanese si contano tredici modelli differenti da punta e nove da mezza, tre per scarpine da ginnastica ritmica e mimo, quattro per il ballo spagnolo, due per la danza jazz e la danza moderna. E poi scarpe scollate e ballerine da passeggio, in ogni tinta o con la punta di un colore differente, per chi alla danza non ha mai pensato ma alle ultime tendenze pensa ogni giorno. Perché anche la produzione Porselli è sempre più spesso influenzata dalla moda. «Oggi le punte sono rosa, abbiamo ancora tutti i rasi. Fino a qualche anno fa si abbinava la scarpa colorata ai colori del costume: viola, giallo oro, verde bottiglia, i più richiesti. Il rosso veniva usato solo per la danza spagnola.»

E poi body e calzamaglia. Con l'apertura del negozio l'azienda Porselli inizia a creare capi di abbigliamento per la danza: corpini, gambali, tutù corti, romantici, alla Degas. I teatri d'opera hanno una sartoria interna, ma le scuole di danza private che aumentano vertiginosamente non ce l'hanno. Maggio e giugno sono i mesi dei saggi: per Vanna e Dionigi significano corse in auto o in treno con scatoloni enormi pieni di tutù, coroncine di fiori, calzamaglie, accademici. Tutto deve arrivare in tempo. Si va in scena.

In un'area del laboratorio ci sono i calchi dei piedi di tutte le danzatrici italiane e di molte straniere. Per tutte loro la scarpina viene confezionata su misura.

Nel mondo del balletto si racconta che una prestigiosa étoile, poco prima di un debutto, si accorse di avere un problema con le scarpine da punta e chiamò Primo Porselli perché gliene portasse un paio nuovo. Lo spettacolo fu un trionfo e la diva volle che l'imprenditore, a ogni sua prima rappresentazione scaligera, arrivasse con una scatola di scarpine appena realizzate. «Non credo sia vero, nessuna ballerina andrebbe mai in scena senza aver mai usato prima le scarpe», dice Vanna. Ma è bello crederci.

Un riconoscimento gratificante quanto inaspettato arrivò a Liliana e a Vanna dal coreografo Roland Petit. Figlio di Rosa Repetto, calzolaia dell'Opéra di Parigi e di tutte le compagnie di balletto di Francia, si era presentato per farsi fare delle scarpe velocemente. Prima di partire lasciò un biglietto:

«*Merci*. Non ho mai trovato scarpe più morbide e soddisfacenti delle vostre». Mica male per uno a cui le scarpe le confezionava su misura esclusivamente la mamma.

I teatri d'opera di tutto il mondo acquistano a ogni stagione le scarpine per il corpo di ballo. Ogni ballerina classica ha un suo corredo di scarpine da punta, le sceglie a seconda del ruolo e del balletto. La scarpina per danzare il *Lago dei cigni* non è la stessa con cui si interpreta *La Silfide*. È una regola, ma non per tutte. Luciana Savignano non ha mai avuto dubbi, ha sempre usato un unico modello, la W dell'azienda Porselli. Lo indossava quando Maurice Béjart creò solo per lei la coreografia della *Luna*, nel balletto ispirato a Eliogabalo. Bianca e distaccata, come fosse di un altro pianeta, l'étoile dominava la scena. «Angelica, non avrei un'altra parola per definirla, ho conosciuto molto bene anche i suoi genitori, persone splendide», dice Vanna.

Dionigi era in negozio quando vide entrare un ragazzo di quindici anni timido e garbato, Roberto Bolle. Voleva un paio di scarpe. «Quando si mise a cercare il portafogli nella sacca, lo vidi scomparire. Si era piegato ad angolo retto e tuffato nella borsa. Non si era chinato sulle ginocchia come faremmo noi comuni mortali. Non l'ho mai sentito dire una frase fuori posto, è sensibile, avrebbe potuto intraprendere qualsiasi professione. Grazie a Dio, è rimasto nella danza.» Spiega che era impossibile non prevedere per lui la carriera che l'ha consacrato ai palcoscenici internazionali. Come quella che si intuiva osservando Alessandra Ferri. « Aveva una personalità spiccata, fin da ragazzina si muoveva come una diva », aggiunge Vanna.

I piccoli allievi dell'Accademia di danza del Teatro alla Scala venivano tutti ad acquistare in negozio. « Li riconoscevi subito. Anna Maria Prina, allora direttrice della scuola, insegnava anche un certo rigore nel vestire, nel comportarsi. »

Vanna ricorda che i suoi genitori spesso andavano a casa di Carla Fracci con scatoloni di scarpe per fargliele provare, altre volte arrivavano il padre e la madre della ballerina direttamente in fabbrica. « Erano persone disponibili, affabili. E lei è una donna con una forza di volontà straordinaria. Sempre affettuosa con me e con la mamma. »

Vanna non ha mai avuto soggezione per nessuna star. « Le ho sempre ammirate, erano tutte così cordiali e semplici con noi. Molte le ho conosciute quand'ero ancora piccola, era un onore per noi averle come clienti. Mamma mi ha insegnato che si dovevano servire tutti con lo stesso criterio, étoile, ballerine di fila, coreografi o giovani allieve. »

L'azienda oggi esporta in Europa, Stati Uniti, Giappone, Cina, Israele ed Emirati Arabi. « Ogni capo è destinato a una persona, la relazione diretta è l'aspetto più importante. I nostri articoli riscuotono successo ma sono nati da relazioni personali, da amicizie fra noi e gli artisti che li hanno indossati.»

Sembra di tornare indietro di anni, quando l'attenzione non era tutta rivolta al profitto ma al cliente e alle sue esigenze. «Oggi molti marchi di fornitura per la danza sono in mano a grosse società. Alla direzione hanno uomini d'affari che mandano avanti l'azienda indipendentemente dal prodotto. Scarpine o aspirapolvere, per loro sono quasi la stessa cosa, l'importante è il fatturato a fine anno. Non che a noi non interessi, ma la qualità viene prima di ogni altra considerazione. Quello che ci contraddistingue è il nostro grande amore per la danza.»

Liliana, scomparsa nel 2010, è stata una generosa mecenate. Lo ricordano tutti: artisti, giornalisti del settore, organizzatori di festival e rassegne di balletto. «Erano altri tempi, adesso non potrei più permettermelo. Erano anni di fervore, impegno, ci sentivamo coinvolti personalmente nel promuovere la danza. Era un'esigenza culturale.»

Un po' di nostalgia per quel periodo entusiasmante in cui la danza classica si poteva vedere ovunque ed era trasmessa perfino dalla televisione pubblica. «Il mito della ballerina sta scomparendo, troppa fatica. Per la danza moderna e jazz, bisogna avere una base classica, che dà disciplina e rigore. Oggi ci sono scuole che insegnano hip-hop, è più facile.» E poi il sogno di molti bambini è partecipare ai reality o diventare calciatori, non ha senso un'arte che obbliga a studiare tanto e ogni giorno.

Sebbene in Italia *Giselle*, *Il lago dei cigni*, *Don Chisciotte*, *La bella addormentata* e gli altri balletti del grande repertorio continuino ad avere un pubblico numeroso, molte scuole di danza classica private hanno avuto un calo di iscrizioni. Troppa disciplina, grande musica: troppa cultura?

« All'improvviso la produzione è cambiata », dice Dionigi. « Con l'inizio del nuovo millennio abbiamo cambiato la giornata. Prima dalle 8 alle 15 confezionavamo scarpine da danza, e dalle 15 alle 17 quelle da passeggio. Oggi la situazione si è ribaltata: dedichiamo più ore a queste ultime o alle décolleté. »

E se per quasi un secolo la musica, le coreografie, gli interpreti hanno ispirato i modelli classici, attualmente le ballerine da passeggio si ispirano alla vita di tutti giorni. « A cena un'amica si è complimentata per le nostre ballerine, poi ha aggiunto: 'Certo che se avessero quella certa variante...' » La mattina dopo eravamo già al lavoro.

GRUPPO MOLTENI

Giussano, MB

Se dovesse ordinare la sua vita dentro un mobile, Giulia Molteni sceglierebbe *Carteggio* di Aldo Rossi. In ogni cassetto dello scrittoio ideato dall'architetto milanese, metterebbe un po' di sé. In uno riporrebbe la sua infanzia e l'adolescenza, in un altro i primi anni in cui ha vissuto da sola e quelli trascorsi a New York, negli altri le preoccupazioni e i successi di lavoro, i decenni di partecipazione al Salone del mobile di Milano e le tante fiere internazionali. E meno male che di cassetti *Carteggio* ne ha tanti, perché adesso vi dovrebbero inserire anche le sue giornate di sposa e mamma.

Classe 1979, Giulia è responsabile del marketing e della comunicazione di Molteni & C. e Dada, uno dei principali gruppi industriali dell'arredamento, che comprende quattro marchi prestigiosi. Accanto a Molteni & C., ci sono Unifor S.p.A., specializzata in mobili per ufficio, Dada, che si occupa di cucine, e Citterio S.p.A., che produce pareti divisorie e arredamenti per ufficio. Quattro stabilimenti, in Brianza, a Giussano, Turate, Sirone e Mesero.

«Nonno aveva pensato a un'azienda per ogni figlio: Carlo, Piero, Mariangela e Luigi», spiega Giulia, figlia di Carlo, l'attuale presidente e amministratore delegato del Gruppo Molteni. E racconta gli esordi dell'azienda di famiglia come «la storia dell'amore tra Angelo e Giuseppina, i miei nonni, e delle loro straordinarie intuizioni». Lui, cresciuto in una famiglia di falegnami, conosce il legno meglio delle strade di Giussano, dove è nato e vive. Apre il primo laboratorio nel 1934, a soli ventidue anni, e lavora per conto terzi, producendo mobili tradizionali. Nonna Giuseppina, dopo aver frequentato le scuole commerciali, è assunta da un'azienda di tessuti milanese. Ogni giorno passa davanti al laboratorio Molteni in bicicletta. È una donna seria ed emancipata, per Angelo è impossibile non notarla. Si sposano nel 1941, viaggio di nozze a Genova dove vive un loro cliente.

La giovane donna si sente subito coinvolta nell'attività del marito. E lo sarà anche nei decenni successivi, quando l'azienda crescerà, fino all'ultimo. «Nonno appariva solo di rado in ufficio, gestiva i contatti», spiega Giulia. «Nonna, invece, teneva sotto controllo la situazione finanziaria o, come si dice in Brianza, teneva il portafoglio.» E intanto si occupava della famiglia. La casa era di fronte alla fabbrica. «Ha lavorato negli uffici fino al giorno prima della sua scomparsa, a ottantasei anni. Negli ultimi tempi si era fatta costruire degli occhiali particolari per poter leggere. Noi le passavamo documenti, carte amministrative scritte con grandi caratteri e lei li controllava.» Giulia racconta divertita che il nonno amava giocare con i nipoti e fare loro strani scherzetti. «Quando avevo sei anni, mi ha messo a candela a testa in giù sul suo dondolo. Lo faceva per temprarmi e io resistevo.»

Nei primi anni della ditta, come la chiamano Angelo e Giuseppina, escono comò e letti, tavoli e sedie. La Seconda guerra mondiale cambia la produzione, non più mobili, bensì carriole e ruote per l'esercito ma la fabbrica continua a lavorare. Al termine del conflitto arriva una decisione importante: Angelo si mette in proprio. È il 1950, non lavorerà più per altri. Non solo, all'Italia che rinasce, Angelo non vuole più proporre il vecchio stile, è tempo di creare nuovi modelli. A Cantù, un altro comune del distretto brianzolo, dal 1882 opera la Scuola d'arte e mestieri, dove gli studenti imparano «a pensare i mobili». Da qui è uscito il più bravo disegnatore della Brianza, il «Luisinèt». Sarà lui a progettare i mobili del nuovo corso, solidi e compatti.

L'azienda cresce a ritmi prodigiosi. Nel 1955 vi lavorano già duecento dipendenti, che la rendono una delle realtà industriali più grandi d'Italia nel settore. Sono anni vivaci in cui si respira l'ottimismo e il desiderio di benessere portati dal boom economico. Tutti hanno bisogno e voglia di tutto. Angelo vuole soddisfare le loro richieste e incontra la persona che può aiutarlo: Alberto Zevi, due lauree all'università Bocconi, economista, matematico, imprenditore. Tra i due inizia una lunga collaborazione, ma soprattutto un'amicizia fatta di scambi imprenditoriali e creativi.

Alberto sta progettando nuovi impianti per la lavorazione del legno e guarda soprattutto alla Germania, dove sorgono i primi grandi stabilimenti industriali del settore, mentre in Brianza si stendono ancora i fogli della tranciatura all'aperto in attesa che il vento e il sole li asciughino. Alberto consiglia all'amico l'acquisto di una pressa e dell'essiccatoio. Grazie a questi macchinari, l'imprenditore può controllare l'intera filiera, dal legname grezzo al prodotto finito. Le macchine tedesche consentono tra l'altro una produzione industriale con un altissimo contributo artigianale. In questo modo si conciliano l'efficienza con la tradizione dei mobilieri locali e per i dipendenti lavorare da Molteni significa appartenere all'élite del legno, come prendere un dottorato in falegnameria.

I mobili escono dalle fabbriche in serie, cento per volta, un'enormità per l'epoca ma troppo pochi per Angelo Molteni, ambizioso e lungimirante. Angelo infatti è fra i primi a ragionare su tirature alte e in dieci anni ristruttura l'azienda con tecnologie innovative e ottimizza i cicli di produzione fino a trasformare la Molteni in una fabbrica all'avanguardia in Europa.

Progettare, osare, sperimentare: queste sono le caratteristiche di Angelo. E non riguardano solo la quantità di mobili sfornati ogni anno o l'efficienza dei cicli produttivi. Anche la creatività conta. Già nel 1955 la Molteni partecipa alla prima Mostra Selettiva – Concorso internazionale di Cantù, presentando un cassettone ideato da Werner Blaser, un progettista di Basilea, ispirato allo stile del Bauhaus. Nella giuria della mostra siedono alcuni tra i nomi più prestigiosi dell'architettura e del design di quegli anni: Gio Ponti, Alvar Aalto, Carlo De Carli, Finn Juhl, Romano Barocchi. Ricevere il primo premio da loro è per Angelo più che una gratificazione: è lo schiudersi di un nuovo mondo. L'idea di produrre mobili d'autore lo appassiona ma Angelo è un uomo concreto, sa che ogni cosa deve giungere al momento giusto e i suoi clienti non sono ancora pronti a rivoluzionare le loro case.

La collaborazione con Blaser resta per il momento un caso isolato. Il pubblico deve essere pronto ad accogliere le novità. Anche per questo Angelo nel 1961 fonda, con altri tredici mobilieri, il Salone del mobile di Milano, un evento nato per esporre a potenziali clienti e distributori le nuove collezioni e favorire l'esportazione del mobile italiano. Alla Fiera di Milano, in pochi giorni, si incontrano trecentoventotto espositori e dodicimila visitatori. Oggi il Salone del mobile, ricorda con orgoglio Giulia

Molteni, è l'appuntamento internazionale più autorevole e atteso da chi opera nel settore.

Quando la prima rassegna si conclude, sulla bocca di tutti i protagonisti circola una sola parola: modernità. Angelo ci pensa e ci ripensa, e capisce che è arrivata l'ora di cambiare. Nel giro di sei mesi converte la produzione. Niente più mobili tradizionali. Spariscono le camere da letto classiche, che venivano vendute in blocco, letto, armadi e comodini, per lasciare spazio alla vendita dei singoli elementi.

Poi, nel 1968, nella fabbrica di Giussano il design entra dalla porta principale, e questa volta rimane. Una scelta suggerita anche dai figli Carlo, Piero, Mariangela e Luigi, che ormai operano in azienda e come tutti i giovani fremono per stare al passo con i tempi. Tito Agnoli, architetto e pittore, disegna i primi mobili componibili, curiosi contenitori in cui si possono inserire ante, cassetti, scaffali, apparecchi televisivi, impianti hi-fi. A realizzarli è un'azienda di Sirone, in provincia di Lecco, la Fratelli Citterio. I Citterio appartengono allo stesso distretto brianzolo, come Angelo vogliono produrre tirature più alte, sono i soci perfetti. Il marchio Citterio è così il secondo a entrare nella famiglia Molteni, e grazie a esso anche i componibili entrano nelle case italiane ed europee.

Intanto arrivano gli anni Settanta, tutti vogliono essere moderni e le aziende fanno a gara per accaparrarsi chi riesce a interpretare meglio l'innovazione. Carlo e Piero hanno sentito parlare dell'architetto Luca Meda, che ha collaborato con Marco Zanuso e Aldo Rossi, e l'invitano a Giussano.

La sua prima creazione per l'impresa è *Iride*, un mobile modulare e colorato con cassetti, progettato dallo stesso Meda con Hans von Klier, un architetto che ha tra l'altro collaborato con l'Olivetti. La famiglia Molteni sa di aver imboccato la strada giusta e *Iride* diventa la pietra miliare per altri progetti. Nel 1994, per la sua collaborazione con Meda, il Gruppo Molteni riceverà il premio Compasso d'oro, il più ambito dai designer di tutto il mondo.

Negli anni successivi, la produzione si concentra su mobili intelligenti e di lunga durata, che anticipano i tempi, adatti a ogni tipo di abitazione, compresi gli appartamenti con poco spazio. In occasione dell'ottantesimo anniversario della fondazione del Gruppo Molteni, Carlo racconta: «Negli anni Sessanta, i designer-architetti, come Luca Meda, Afra e Tobia Scarpa, Lella e Massimo Vignelli e in seguito Aldo Rossi portano una modernità fatta di semplicità, che consente tra l'altro di produrre molto di più». E gli imprenditori, con le loro tecniche, le macchine e i materiali, rendono reali le visioni dei designer.

Da sempre, per la famiglia Molteni la ricerca dei materiali è un'avventura senza fine: per trovare il teak che desiderano Angelo e Carlo viaggiano fino in Birmania, in anni in cui le distanze sono amplificate dai cambi di aereo e dagli scomodi mezzi di trasporto che trovano arrivati sul posto. Con il teak birmano creano mobili per La Rinascente di Milano. Il viaggio è valso la pena.

Sempre negli anni Settanta, Angelo sceglie di dedicarsi a un mercato a cui ha sempre prestato attenzione: quello dei mobili per ufficio rivolti ai professionisti e alle aziende che vogliono stare al passo con i tempi, a chi non vuole lavorare a vecchie scrivanie dai cassetti pesanti mentre a casa ha modernissimi componibili. Il modello viene disegnato in Italia e registrato negli Usa. È il Modulo 3, un sistema di mobili per ufficio studiato sulle esigenze di chi lavora.

Angelo ne sente parlare dagli amici Alberto Zevi e Michele Casaluci e capisce che più che un sistema è uno stile di lavoro e di vita a cui non può non partecipare. Si appassiona subito al progetto realizzato da Bob Noorda e Franco Mirenzi, che già da come appare sui fogli è rivoluzionario. Una scrivania diversificata su due piani, uniti da un giunto in alluminio, ognuno con svariati contenitori. La produzione inizia nel 1974 e viene seguita in ogni dettaglio da Piero Molteni, il secondogenito di Angelo. Per portare avanti il progetto viene creato un nuovo marchio, Unifor, con sede a Turate, la terza azienda a entrare nel gruppo. La prima grande committenza arriva da IBM: milletrecento scrivanie con cassettiere per gli uffici della sede di Mount Pleasant. Poi arrivano le richieste di ambasciate, ministeri, banche, imprese. Non si vende più solo una scrivania alla volta, i numeri di commissione salgono vertiginosamente. È una nuova modalità di lavoro e consegna, si chiama «contract». Un'altra scommessa vinta dal gruppo, un altro cambiamento nella vita di migliaia di persone.

Il metodo «contract» entra in modo dirompente anche nella sede di Giussano. Carlo lo usa per soddisfare la richiesta di François Dubuisson, un architetto francese. Dubuisson deve realizzare due ambasciate nei Paesi arabi e un albergo monumentale in Egitto, per il quale gli servono duecento camere da letto tutte uguali in soli due mesi. Contatta il Gruppo Molteni, proprio perché viene a sapere della sua capacità di raccogliere le sfide impossibili. L'urgenza della consegna diventa un'esperienza fondamentale per la fabbrica. Dopo aver accontentato l'architetto francese sanno di poter fare anche i mobili d'arredo allo stesso ritmo di quelli per ufficio, con una qualità altissima e standardizzata. Come nella filosofia di Andy Warhol, il seriale è d'autore.

È una pagina di storia aziendale che è alla base dei risultati odierni. Oggi l'attività del Gruppo Molteni si suddivide tra un sessanta per cento di mobili in produzione di serie e un restante quaranta di mobili contract, già finalizzati. Questo significa aver arredato il Teatro La Fenice di Venezia, la sede di Bloomberg a New York e quella del *New York Times*, il Musée du quai Branly di Parigi, tutti i negozi Cartier nel mondo, la Fondazione Cartier progettata nel 1994 da Jean Nouvel. Sottolinea Giulia: « Quando la Cartier ha aperto le gioiellerie in Cina si è affidata a un fornitore locale. Oggi è ritornata da noi. Forniamo a tutti i loro negozi nel mondo un'assistenza ventiquattr'ore su ventiquattro. Se si rompe una vetrina espositiva a Shanghai mandiamo un team di persone per ripararla durante la notte ». Anche nell'assistenza bisogna essere creativi.

Luigi, il terzogenito di Angelo, entra nel Gruppo con un'idea precisa: informatizzare le aziende Molteni & C. e Unifor. Sono gli anni Ottanta, ogni ufficio ha il suo computer. Intanto però suo padre ha in mente altro per lui. Come suo solito, è già proiettato ben oltre il decennio appena cominciato. Ha intuito che il nuovo settore su cui puntare è la cucina, il primo acquisto che ogni famiglia fa quando mette su casa, il cuore di ogni appartamento, il luogo in cui le persone trascorrono più tempo. È giusto che sia protagonista. E così Angelo ancora una volta stupisce i figli e i dipendenti acquisendo nel 1979 Dada, una fabbrica di Mesero, che produce cucine di alta gamma. A occuparsi della produzione sarà proprio Luigi.

La vicinanza tra Dada e le altre società porta a benefici intrecci sia progettuali sia commerciali. L'unione di quattro realtà complementari permette scambi e consulenze, l'esperienza di uno stabilimento è al servizio degli altri. L'imprenditore, venuto a mancare nel 2001, porta le cucine Dada in un percorso fatto di razionalità, innovazione e funzionalità.

Oggi, a più di ottant'anni dalla sua fondazione, i marchi del Gruppo Molteni sono distribuiti in più di ottanta Paesi: dagli Stati Uniti al Sud America, dal Giappone agli Emirati Arabi.

Ogni mobile uscito dagli stabilimenti è associato a chi l'ha creato e in ognuna delle quattro aziende del gruppo sono passati i grandi nomi del design internazionale e nazionale. Ognuno di loro ha lasciato una traccia, e così i mobili «moderni» sono già diventati classici. «Non solo tecnologia. La mia famiglia ha immediatamente capito l'importanza del capitale umano, siamo sempre stati affiancati da persone colte e geniali», spiega Giulia. «Io per esempio vengo da una formazione economica e rigida, ascoltare i designer mi stimola e mi dà energia.» Nel 2012 l'azienda acquista i diritti su alcuni progetti di Gio Ponti, per produrre in serie opere che l'architetto ha ideato come pezzi unici. Come l'arte, i mobili di design sono immortali.

I prodotti diventano così il frutto di un sofisticato confronto fra gli architetti e Carlo, Giovanni e Giulia, fra le esigenze dell'azienda e la creatività. «Papà dice che ci siamo specializzati in prodotti difficili.» Come *Graduate*, la libreria aerea di Jean Nouvel. Per produrla e riuscire a farla stare appesa in modo tale che reggesse il peso ci sono voluti due anni di prototipi.

Nel gruppo oltre al fratello minore di Giulia, c'è Francesca, regista, responsabile dei grandi eventi. Poi ci sono i cugini con cui hanno condiviso tante domeniche dell'infanzia, quando si ritrovavano dai nonni e la sede dell'azienda era solo il luogo per fare gare in bicicletta. « Papà non ha mai chiesto esplicitamente a nessuno di noi di lavorare con lui, a volte lo accennava senza insistere. Oggi capisco che regalo straordinario sia per me lavorare qui. »

Le quattro aziende del gruppo continuano a essere separate e legate al territorio come ha voluto Angelo. « Nonno aveva pensato di accorparne un paio, ma poi ci ha rinunciato. Non ha mai licenziato un dipendente per aumentare il profitto, non era nella sua mentalità. » Né, tantomeno, in quella dei figli e dei nipoti che resistono in Italia nonostante le difficoltà in cui a volte incorrono con la burocrazia. Per fare un esempio, l'imprenditrice sottolinea che non essendoci una rete autostradale adeguata, i loro camion sono obbligati a partire all'alba per non trovarsi imbottigliati.

Non c'è tuttavia nessun luogo per cui lascerebbe l'Italia. Forse New York, dove ha trascorso un periodo dopo essersi laureata. « Sono mamma, devo credere nel nostro Paese, per Edoardo e Maria, i miei bimbi, per il gruppo. » E poi Manhattan non le manca, perché spesso viene a trovarla in Brianza.

IMPIANTI DI VERNICIATURA GEICO

Cinisello Balsamo, Milano

Sin dal suo ingresso nel mondo imprenditoriale, Ali Reza Arabnia, presidente e amministratore del Gruppo Geico Taikisha, con sede a Cinisello Balsamo, industria specializzata nella produzione e nella fornitura alle case automobilistiche di impianti ad alta tecnologia per la verniciatura delle scocche, guarda al futuro con lungimiranza, sicuro di un grande passato. Nato a Teheran il 16 giugno 1955, Ali Reza, oggi Cavaliere del lavoro, è figlio di un costruttore edile impegnato nelle attività di famiglia, le cui origini risalgono all'antica aristocrazia persiana. Due genitori colti e aperti che insegnano ai figli i valori del rispetto per gli altri e per la libertà. E due dinastie che si sono fatte valere in svariate attività. «Ogni capofamiglia cambiava con successo settore, e tutti avevano incarichi importanti, nell'edilizia, nell'industria e nella politica.»

Un'infanzia felice, fatta di giochi condivisi con i quattro fratelli e i tanti cugini. «Abitavamo tutti vicino, stavamo sempre insieme, ogni giornata era un'avventura.» L'adolescenza gli offre altre soddisfazioni, a partire dall'ammissione alla Alborz High

School, una scuola prestigiosa, a numero chiuso, frequentata solo dai migliori studenti iraniani. Un mondo felice che si spezza, con la chiamata per il servizio militare. Lontano dalla capitale Ali Reza Arabnia scopre zone di povertà che mai avrebbe immaginato in un territorio ricco di risorse come l'Iran. « In Persia, sotto lo scià, non c'erano la serenità e il benessere che oggi alcuni raccontano. La polizia segreta ci teneva sotto controllo, non si potevano leggere determinati libri, né vedere i film in uscita in Europa, né, tantomeno, esprimere in pubblico le proprie opinioni. C'erano opportunità per divertirsi, ma solo per chi poteva permetterselo. Il Paese voleva cambiare. »

Nel 1977 il giovane decide di andare a studiare in Inghilterra con i suoi fratelli, seguendo il consiglio del padre, che ha sempre incoraggiato la loro istruzione ricordando che l'avvento di un regime totalitario può togliere tutto « ma mai il tuo sapere ». Canterbury è la prima tappa della sua formazione (specializzazione in management, poi Ali Reza si laurea, senza ancora conoscere una parola d'italiano, in Business Administration alla John Cabot University di Roma, poi prende un master alla Bocconi e completa gli studi all'università di San Diego).

Si trova nella capitale britannica quando arrivano le prime notizie delle agitazioni di piazza a Teheran, l'inizio di una rapida successione di eventi che porteranno alla rivoluzione islamica del 1979. L'Occidente accoglie con interesse le manifestazioni di protesta. Frattanto Ali Reza è concentrato sulla vita inglese: il clima uggioso, gli studi, i nuovi compagni. Fra tutti spicca una bella ragazza italiana. Difficile non notarla: Laura Neri è molto popolare fra gli studenti del corso, è simpatica e « rumorosa », forse troppo per il riservato ragazzo persiano, eppure proprio la sua vivacità li farà avvicinare. Non ci mette molto a capire che è la donna della sua vita.

I genitori di Ali Reza amano l'Italia e l'ospitalità degli italiani. Ogni anno si regalano una vacanza a Capri e il figlio è da sempre affascinato dai loro resoconti. Ora anche per lui è giunto il momento di conoscere il Paese di Laura. Quando la famiglia Neri lo invita a Monza per Natale resta colpito dalla gentilezza e dall'affetto che gli manifestano, si sente già parte di quel mondo onesto e leale. Da Pippo, suo futuro suocero, ascolta con curiosità la storia dell'azienda che ha fondato con un amico nel 1963, la Neri & Mandelli, la cessione, dopo qualche anno, del settanta per cento alla multinazionale Drysys Carrier, e la conseguente nascita della Drysys Equipment italiana S.p.A., per poi riacquisirla negli anni Settanta col nome di Geico S.p.A.

Dopo la felice parentesi italiana, i due promessi sposi vorrebbero scrivere la seconda pagina del loro amore a Teheran, la città in cui hanno scelto di vivere, e Ali Reza vuole che anche Teresa, sua futura suocera, li accompagni per il loro primo soggiorno in Persia. «Quando si è innamorati tutto sembra fantastico, volevo uno sguardo più obiettivo sulla nostra scelta.» Poi, quando la coppia è già rientrata in Italia, esplode la guerra fra Iran e Iraq.

Questa volta è il padre di lui a sconsigliare alla giovane coppia il rientro a Teheran. La millenaria cultura persiana, libera e tollerante, finisce in un vortice senza speranza. L'Europa e l'America impongono sanzioni dure contro il regime degli ayatollah, che risponde con altrettanta forza. Gli iraniani che vivono all'estero si trovano dall'oggi al domani impossibilitati a usufruire del loro patrimonio.

Ali Reza è sposato da pochi mesi, non ha più soldi e non vuole gravare su nessuno, e così si propone per un lavoro qualunque sulle navi da trasporto. Quando Giuseppe Neri viene a sapere delle intenzioni del genero gli propone un'alternativa. La famiglia Neri possiede alcune partecipazioni di un'azienda in Nigeria che sta cercando qualcuno in grado di sostituire per alcuni mesi il contabile, rientrato in Italia. Nessun dipendente accetta di partire e Ali Reza capisce che quella sostituzione si sta trasformando in emergenza e prepara la valigia.

Trova tutt'altro scenario che l'idillio romanticamente descritto in *La mia Africa* di Karen Blixen. Tuttavia dopo soli tre giorni Ali Reza si rende conto che l'impiego per cui è stato chiamato è semplice: bastano poche ore di lavoro la mattina per sbrigarlo. Non sapendo cosa fare per riempire la giornata, chiede all'amministratore delegato di poter studiare l'azienda. Analizza i flussi organizzativi e mette per iscritto nuove procedure più efficienti. Oggi lo chiameremmo « manuale di qualità », ma trentatré anni fa era un metodo ancora poco usato.

Risolto il problema del tempo da trascorrere in ufficio, al manager resta quello delle serate. I colleghi italiani lo invitano ma nessuno di loro parla abbastanza bene l'inglese e le tante cene conviviali diventano per lui un corso accelerato di lingua italiana. Laura ricorda ancora lo stupore che provò vedendolo scendere dall'aereo sorridente e con un impeccabile accento milanese. La sorpresa per Giuseppe Neri, invece, arriva dopo qualche settimana, quando gli raccontano che Reza ha riorganizzato l'azienda, conferendole un nuovo dinamismo. Sapendo che Ali Reza non vuole entrare dalla porta principale e non è mai stato abituato a chiedere, con discrezione il suocero gli suggerisce « di fare il consulente, se non vuole proprio essere assunto ».

La filiale nigeriana del gruppo Geico torna alla ribalta: l'amministratore delegato si dimette ed è di nuovo un problema sostituirlo. Ali Reza ha qualche dubbio. Nel frattempo è diventato papà di Daryush e non vuole abbandonare la moglie, ma alla fine accetta. « Se anche questa volta non c'è nessuno, mi rimetto in viaggio. »

Sbarcato per la seconda volta in Africa, Ali Reza si sforza di prendere più consapevolezza dell'ambiente in cui è immerso. Come un esploratore, a volte esce di casa alle cinque di mattina per raggiungere cantieri lontani. Non ci sono telefoni, ma quella situazione caotica lo stimola e lo appassiona. Forte del detto di Zoroastro, profeta monoteista persiano: « Pensa bene, di' il bene e fai il bene », trasforma l'esperienza africana in qualcosa di indimenticabile per chiunque lavori con lui.

Il nuovo amministratore delegato progetta, inventa, diversifica i prodotti, dagli impianti di verniciatura auto a quelli per l'edilizia, e in breve tempo la filiale africana diventa più grande della casa madre italiana. Il successo tocca l'intera cittadina. La strada desolata che conduce alla fabbrica viene trasformata dal manager in un piacevole viale fiancheggiato da piante e fiori, lungo il quale la gente incomincia a passeggiare nel tempo libero.

Anche ai ragazzi che lavorano in azienda Ali Reza Arabnia non fa mancare il suo supporto. La Nigeria in quegli anni è ancora un Paese gravemente arretrato, che non offre loro le opportunità che meriterebbero. « Ogni sera venivano da me per ascoltarmi, si sedevano in giardino in attesa. Gli parlavo del mondo, del lavoro. Ho insegnato tante cose, dato opportunità di crescere professionalmente. Erano tutti fantastici. A mano a mano che i dipendenti italiani tornavano a casa li rimpiazzavo con personale del posto. Nessuno mi ha mai deluso, ci siamo scritti per più di vent'anni. » Sono trentasei mesi intensi, di cui diciotto condivisi con Laura che, con altrettanto senso dell'avventura, si è trasferita lì assieme a Daryush. Quando Giuseppe e Teresa vanno a trovarli sono commossi dai mille cambiamenti sbocciati in così poco tempo.

Nel 1987 l'intera famiglia rientra a Milano. Forte del successo avuto in Nigeria, Reza è sicuro che Pippo gli chiederà di affiancarlo nel lavoro. Il suocero invece ha un'altra preoccupazione: la Fast di Gaggiano, una società del gruppo Geico, è in serie difficoltà e la prima persona a cui ha pensato per salvarla dal fallimento è suo genero. Ali Reza accetta, chiedendosi ogni giorno: « Con tanti manager in circolazione, perché proprio io? »

Da ragazzo voleva fare il calciatore, ma il padre l'ha fermato, oggi sa che se avesse accettato sarebbe diventato capitano di una squadra. Entra in azienda e in pochi mesi la rimette in pareggio. Ma non è abbastanza, deve trovare qualcosa di diverso, che possa essere percepito dal mercato. Geico ha sempre investito sui macchinari per la verniciatura delle auto e, quindi, anche sulla tecnologia per ritoccarle nella sua officina Fast. I produttori di vernice cedono in comodato ai carrozzieri gli strumenti per tenere le vernici in sospensione, a condizione che acquistino solo i loro prodotti. Il cerchio sembra chiuso, solo un'idea straordinaria lo può riaprire. Ali Reza Arabnia comincia a girare fra le carrozzerie italiane. Lì incontra clienti tristi per l'incidente subito, assicuratori insistenti e carrozzieri esasperati. « Quanta negatività », commenta fra sé.

Questa riflessione lo accompagna durante una fiera tedesca riservata ai produttori di vernici da rivestimento e interno casa. I colorifici in Europa sono migliaia, solo in Italia più di diecimila; la gestione è quasi sempre di tipo famigliare e la clientela è allegra, vogliosa di spendere e fiduciosa, a differenza di chi si trova a dover riparare un danno alla propria auto. Chi ha appena messo su casa, chi compra un barattolo di vernice per rifare la camera del bambino, chi per ravvivare la cucina o il salotto: un clima positivo che Ali Reza percepisce in ogni colorificio e che crea l'ambiente ideale per introdurre una novità.

Ogni commerciante possiede una macchina manuale per erogare la vernice. Ali Reza propone loro una versione automatica per realizzare il colore su richiesta dell'acquirente. « Volevo trasformare questi piccoli imprenditori in piccoli industriali. » In azienda sono già stati creati prototipi di grandi macchine pensate per le industrie e i grossi centri di distribuzione vernici, si tratta ora di progettare qualcosa di analogo, ma su scala ridotta, per i negozi.

Non tutti credono nell'idea di Reza. Alcuni clienti si rivolgono a Giuseppe: « Tuo genero è impazzito. Fermalo. Quelle macchine non avranno fortuna, non dovete investirci così tanto ». Il momento è difficile, Pippo è ammalato, la diagnosi di tumore arriva proprio in quel periodo, e inevitabilmente turba la serenità famigliare. Uomo tenace, sempre presente in azienda, Giuseppe Neri si rivolge con amore paterno, e qualche preoccupazione da industriale esperto, al giovane: « Quando non ci sarò più avrai tutto sulle tue spalle. E se dovesse accadere qualcosa, ti porti dietro l'intera azienda ». Ali Reza lo rassicura dicendo che non mette in commercio solo uno strumento di lavoro ma « un avanzamento sociale ».

L'avvio del progetto sembra dare ragione al pessimismo: le macchine presentano problemi e vengono rispedite in fabbrica, ma Reza non demorde, finché i suoi sforzi non vengono premiati. La svolta arriva nel 1995: millequattrocento macchine contro le centoquaranta previste inizialmente e le otto prodotte nell'anno precedente.

Purtroppo Giuseppe non assiste alla partenza della produzione. Muore infatti nel febbraio 1994 e con la sua scomparsa la società deve affrontare una serie di problemi. Per superarli, Geico entra nel portafogli di Comau, un'azienda del gruppo Fiat, e la famiglia perde la maggioranza.

Mentre la Fast rimane controllata dalla famiglia, l'azienda cresce così in fretta che un gruppo americano, la Idex Corporation, fa un'offerta che Arabnia non riesce a controbattere. Accettando, realizza il desiderio di venderla della famiglia.

È un altro successo professionale e personale. « Ho lasciato la Idex nel 2002. Ricordo le feste d'addio che i dipendenti delle filiali sparse per il mondo mi hanno dedicato. Mi emozionavo ogni volta.»

Rientra in Gecofin, la holding della famiglia, sapendo di dover affrontare sacrifici e nuove responsabilità. Con la moglie acquista le quote della Comau, e ottiene così la maggioranza delle azioni. «Dovevo farlo. Per decenni i dipendenti più anziani avevano affiancato lealmente mio suocero. Anche da loro avevo imparato il valore del lavoro, il gusto di progettare insieme, di assumersi la responsabilità degli altri. Pippo non aveva mai messo come priorità il suo profitto a scapito dei lavoratori. Questo patrimonio morale, non solo industriale, doveva sopravvivere perché potesse essere raccolto dai nostri figli, Daryush e Irene, che oggi lavorano con noi.»

Il ritorno del presidente ha un effetto grattacielo: ogni anno un piano verso l'alto, fino al 2009. La crisi è globale ma per il mercato dell'auto è una catastrofe mai vista prima. L'azienda è costretta a ricorrere alla cassa integrazione: per sei mesi un giorno a settimana a casa. Anche i dirigenti, non soggetti a questo provvedimento, accettano. Le committenze vengono annullate, il lavoro è scarso ma Ali Reza non si arrende, non licenzia nessuno, investe nella ricerca tecnologica e nella formazione dei dipendenti, snellisce i processi aziendali. «Quando incontravo nei corridoi i ragazzi mi dicevano: ce la faremo! Mi incoraggiavano.»

Dalla metà del 2010 il mercato riparte con nuove committenze per Geico. Quello che è successo dopo, devi fartelo raccontare tre volte per renderti conto che è realmente accaduto. Appena l'azienda si risolleva, l'industriale restituisce a ogni dipendente l'ammontare delle somme perse per la cassa integrazione. E, lasciando tutti senza parole, aggiunge un premio. «Abbiamo resistito insieme, ora devo condividere i primi utili.»

Ogni giorno nella struttura di Cinisello Balsamo lavorano centoquaranta dipendenti, di cui quaranta dirigenti e funzionari. Nel 2011 crea un'alleanza con il gruppo Taikisha, la società giapponese attiva nello stesso settore, oltre a quello dei condizionatori d'aria. Così creano un gruppo, Geico Taikisha, con 53 filiali in 28 Paesi, cinquemila lavoratori e fattura un miliardo e ottocentomila euro. Ha fornito impianti di verniciatura auto per tutte le case automobilistiche in tutto il mondo. Il polo tecnologico più avanzato nel campo degli impianti di pre-trattamento e verniciatura auto è alle porte di Milano e si chiama Pardis Innovation Centre (*pardis* in persiano significa «origine del Paradiso»). In omaggio al suocero, ha aperto una scuola interna, il campus «Pippo Neri», dove il venerdì pomeriggio si tengono corsi di formazione per i dipendenti. Nella stessa struttura un centro polivalente composto da una palestra, un ristorante, una sala mostre, un teatro e tanto verde per passeggiare. Ali Reza Arabnia chiama quella piccola oasi « Giardino di Laura », perché « tutto è cominciato da lì ».

GIOIELLI DAMIANI

Valenza, Alessandria

Da quasi un secolo, l'ottanta per cento dei diamanti in Italia viene incastonato manualmente nel laboratorio Damiani di Valenza, una cittadina situata sulla riva destra del Po, in provincia di Alessandria.

Qui, nel 1924 Enrico Grassi Damiani apre un laboratorio destinato a diventare, quasi un secolo dopo, sotto la guida dei nipoti Guido, Giorgio e Silvia, uno dei marchi orafi più famosi al mondo.

« Siamo legati al territorio, a chi ci vive e lavora », spiega Guido Grassi Damiani, presidente e amministratore delegato di Damiani S.p.A. « Per produrre gioielli questo è il posto migliore al mondo. Qui c'è una manualità straordinaria che da altre parti è merce rara. »

Per il fondatore forgiare monili preziosi era una vocazione. Dalle sue mani nascevano pezzi unici, spille, anelli, bracciali inconfondibili nel segno e destinati a una clientela raffinata, per lo più composta da industriali e aristocratici. È questa idea iniziale, questa volontà di creare oggetti personalizzati a gettare le basi per il futuro di un'impresa in cui si continua a realizzare gioielli con la stessa attenzione alla qualità di un piccolo laboratorio artigianale.

Enrico è un uomo schivo, taciturno. Cerca di passare con i figli tutto il tempo libero. Ama passeggiare con loro nella natura e guidarli nell'esperienza della bellezza e della conoscenza con una dedizione che, a posteriori, fa pensare quasi a un presagio. Verrà a mancare prematuramente, mentre il figlio maggiore Damiano si sta preparando per l'esame di maturità.

Teresa, la madre, non vuole che il ragazzo si trovi ad affrontare la responsabilità del laboratorio e gli trova un posto sicuro, in banca. Il giovane, tuttavia, ha ereditato dal padre il pallino per l'oreficeria: è impensabile proporgli di restare chiuso per tutta la vita in un ufficio.

Inizia a commerciare in pietre preziose, le studia una per una, poi passa all'ideazione e alla produzione dei gioielli. In pochi anni il piccolo laboratorio si trasforma in un'azienda moderna con duecento dipendenti. Un percorso di crescita che l'imprenditore condivide con la moglie Gabriella.

All'inizio è una vita di sacrifici. Lui viaggia dal lunedì al venerdì, incontra i clienti, va all'estero per acquistare pietre e perle pregiate, e la coppia lavora anche il sabato e la domenica. L'azienda è in ascesa, ma a ogni nuova assunzione Gabriella è perplessa: un altro impiegato significa un aumento dei costi. Damiano però è al tempo stesso ottimista e lungimirante. Reinveste per rendere tutto più grande: più persone, più merce, più prodotto, questa è la sua idea. E la sua propensione alla crescita viene premiata. Con l'euforia degli anni Sessanta, i gioielli diventano sempre più innovativi: Damiano sperimenta nuove tecniche, inventa forme essenziali, geometrie intrecciate che rendono i suoi gioielli inimitabili. Ma protagonisti assoluti delle linee Damiani, ormai riconosciute in tutta Italia, restano i diamanti.

Tuttavia Damiano Damiani, industriale dall'animo d'artista, non si limita a occuparsi di materiali, forme e tecniche. La sua è un'imprenditoria a tutto tondo. Nei primi anni Settanta ha un'idea commerciale che spiazza i concorrenti: pubblica, per la prima volta in Italia nell'ambito della gioielleria, i cataloghi di tutte le collezioni e garantisce il prezzo su ogni pezzo. Il patto di fiducia tra la clientela e il marchio si fa indissolubile.

Poi, nel 1980, arriva un'altra mossa destinata a sconvolgere il mercato italiano dell'oreficeria. Il boom economico ha portato a una diffusione della pubblicità sui giornali, per le strade, in televisione, ma a essere promosse sono sempre merci destinate al largo consumo. Il lusso è qualcosa da desiderare e guardare in privato. Damiano Damiani nei primi anni Settanta cancella anche questo luogo comune, lanciando la prima campagna pubblicitaria di un'azienda orafa.

Per dieci giorni si trasferisce a Linosa con il fotografo. I gioielli vengono appoggiati e ripresi sui fondali marini, sugli scogli, in spiaggia. Anelli, collier, bracciali incontrano cavallucci e stelle marine.

Quel decennio così vivace rallegra anche la vita di famiglia. A pochi anni di distanza l'uno dall'altro nascono Silvia, Guido e Giorgio. Per loro la fabbrica è un'estensione della casa, visto che abitano nello stesso edificio in via del Lavoro. Basta scendere un piano e si ritrovano negli uffici di mamma e papà. Con il dovuto rispetto giocano con spille, anelli, statuette in oro e diamanti, vengono in contatto con i materiali e con l'ambiente in cui sono lavorati.

In ogni reparto e in ogni persona che incontrano avvertono una curiosa passione. Così, fra uno scherzo e una risata, i bambini crescono imparando che il diamante è la pietra più dura che si conosca, che si è formato più di due miliardi di anni fa durante gli smottamenti della crosta terrestre, che se tagliato nel modo giusto ha una rifrazione della luce pressoché totale.

Guido Grassi Damiani ricorda che il padre amava stare in laboratorio, era un perfezionista capace di modificare mille volte lo stesso oggetto. «A volte aggiungeva una virgola. Per gli altri era un particolare insignificante, per lui rappresentava la volontà di raggiungere la perfezione. Aveva tre orafi con cui si intendeva subito, bastavano pochi incontri e il gioiello nasceva. Queste persone erano di famiglia, lo sono ancora adesso.»

La cura che Damiano dedica anche ai minimi dettagli non passa inosservata. La Damiani viene premiata per ben diciotto volte, con il Diamonds International Award, un omaggio al design e alla migliore creazione di gioielli con diamanti, per quasi cinquant'anni il premio più prestigioso nel settore. Un record invidiato dai concorrenti di tutto il mondo. La prima volta il riconoscimento arriva nel 1976 per Shark, disegnato da Gabriella Grassi Damiani, un bracciale in oro giallo e platino, decorato da quarantun carati di pavé di diamanti bianchi. Per realizzare Eden, vincitore del premio nel 2000, occorrono più di ottocento ore di lavorazione e novecento diamanti dal taglio brillante. Il bracciale ha illuminato il polso di attrici come Jennifer Aniston e Gwyneth Paltrow.

Ai ricevimenti e ai premi, Damiano preferisce il silenzio del tavolo da lavoro, lasciando volentieri alla moglie la confusione delle fiere internazionali di oreficeria.

Durante uno di questi eventi Gabriella riesce a vendere uno straordinario filo di perle, un pezzo raro e costoso. Sono ancora i tempi della lira e sull'assegno che le viene consegnato compaiono uno dopo l'altro tanti zeri. La cifra totale è un miliardo e duecento milioni. Una vendita eccezionale. Decide di comunicarla immediatamente al compagno di vita e d'impresa. Al telefono parla con un entusiasmo che non si percepisce, però, all'altro capo. «Certo che un filo così non lo ritroverò mai più», sospira il marito.

È lui a comprare personalmente le pietre. Come un collezionista si appassiona a ogni pezzo e lo fa suo. Nei viaggi si fa accompagnare dall'intera famiglia. Insieme entrano nelle gioiellerie, e così Guido, Giorgio e Silvia fin da bambini assistono agli acquisti dei diamanti in India, delle perle in Polinesia, Giappone, Australia, degli smeraldi in Colombia, degli zaffiri, azzurri come il manto delle Madonne di Antonello da Messina, in Sri Lanka, Kashmir e Birmania (origine anche dei migliori rubini). Ancora oggi continuano a servirsi dai figli degli stessi fornitori con cui lavorava il padre, un limitato gruppo di aziende che sulla provenienza delle pietre aderiscono alle risoluzioni delle Nazioni Unite.

L'etica per la famiglia Damiani viene prima di ogni cosa e alla limpidezza dei diamanti deve corrispondere quella di chi li commercia. Nessuna tolleranza per lo sfruttamento della manodopera e per chi finanzia guerriglia e criminalità.

Oltre a ricercare i materiali migliori, Damiano continua a innovare il suo settore a trecentosessanta gradi. Fino alla metà degli anni Ottanta il gioiello, anche per le sue dimensioni, veniva solo fotografato come *still life*: un oggetto meraviglioso e lucente posto al centro della foto. Damiano sa però che un gioiello indossato trasmette una magia speciale e per farla emergere comincia a scegliere dei testimonial per le campagne pubblicitarie.

La prima è stata Renée Simonsen. Ed è stato il preludio a una serie di ritratti in bianco e nero e a colori scattati da grandi fotografi e progettati, in anni più recenti, sotto la direzione artistica di Silvia Grassi Damiani. Poi è stata la volta di Isabella Rossellini, ripresa attraverso un vetro, lo sguardo lontano, all'anulare sinistro e al polso anello e bracciale della collezione Sahara, in uno scatto di Dominique Issermann. Poi c'è stata Nastassja Kinski, con l'anello Notte di San Lorenzo al dito posa per Peter Lindebergh, lo stesso che ha ritratto anche Milla Jovovich, i capelli spettinati, un bicchiere di plastica in mano dove si notava un solitario, al polso un orologio. Sophia Loren da testimone è poi diventata una cara amica di famiglia, una consigliera. « Ho sempre avuto la sensazione che Giorgio si fosse confidato con lei su alcune vicende personali », dice Guido. E poi c'è stato Brad Pitt, primo testimonial maschile che in seguito ha firmato una linea per Damiani, D.Side.

Sharon Stone, con Giorgio Damiani, ha sostenuto la collezione Maji, in argento brunito, oro sabbiato e diamanti grezzi, fatta di pezzi unici, ognuno diverso dall'altro. Parte del ricavato è servito a portare acqua potabile in alcuni villaggi africani e in diverse scuole. «La natura con noi è stata generosa, dobbiamo ricambiare.»

Ma Damiani non si ferma alla carta stampata, fa girare spot per celebrare e promuovere i suoi gioielli.

Sempre negli anni Ottanta propone un nuovo marchio, Salvini, che renderà il prodotto orafo più competitivo e accessibile a un pubblico più vasto. «Per un figlio, un papà così ricco di idee non è facile», commenta Guido. «Uno cresce sperando di riuscire a fare almeno le stesse cose.»

Ma Damiano è, prima di tutto, un padre affettuoso, pronto a rispettare qualsiasi scelta dei figli. Quando l'attuale presidente, dopo una laurea in Sociologia con lode, gli comunica di voler lavorare nel settore immobiliare, lo lascia andare. Sa che il giovane vuole solo mostrare a se stesso che è in grado di farcela da solo: l'azienda può aspettare.

Guido vi rientra nel 1994, e il padre lo vuole fisso nel suo ufficio. Lo rende partecipe delle telefonate di lavoro importanti, gli spiega come funziona il mercato, i cambi con il dollaro, lo yen, il marco, la sterlina. Un apprendistato intenso che viene interrotto una mattina del 1996, quando la famiglia è colpita da un nuovo grave lutto: la scomparsa di Damiano in un incidente stradale.

Guido non dimentica le tante telefonate ricevute nei giorni successivi, concorrenti, finti amici, tutti convinti che l'azienda avrebbe chiuso o sarebbe stata ceduta. «Nessuno di noi aveva ancora compiuto trent'anni, ma eravamo uniti dall'affetto e dalla certezza che avremmo continuato. Dopo il funerale, abbiamo fatto una riunione con i dipendenti per rassicurarli. Dovevano essere i primi a sapere che l'azienda era in ottime condizioni e noi eravamo pronti a ripartire con loro.»

I tre fratelli intuiscono che l'impresa non può essere più gestita come una piccola azienda familiare, ma deve trasformarsi in una società; una scelta che ha come logica conseguenza la quotazione in Borsa, nel 2007. Tuttavia gli eredi di Damiano, che hanno ricevuto dal padre tre quote paritarie, non intendono cedere il controllo. «Oggi io ho la maggioranza dei voti, Silvia e Giorgio hanno acconsentito ad avere un referente unico. Mamma e papà ci hanno insegnato ad andare sempre d'amore e d'accordo, a volerci bene. Trascorriamo le feste insieme, ci scambiamo le case per le vacanze, e tutto questo si riflette sul lavoro», spiega Guido, per poi illustrare la regola ferrea che si sono imposti: mai fidanzate, mogli e mariti in azienda.

Damiani è una delle poche realtà dell'oreficeria italiana rimaste in mano alla famiglia del fondatore, mentre molti loro concorrenti hanno venduto, diventando parte di società finanziarie immense, con svariati brand del lusso.

Il loro marchio è apprezzato e riconosciuto in Asia, Europa, Stati Uniti, nei Paesi dell'ex Unione

Sovietica, e resta leader assoluto nelle vendite in Italia, anche nelle località turistiche.

La globalizzazione di questi anni ha toccato anche i ceti sociali alti. « I nostri acquirenti viaggiano, quasi sempre hanno studiato all'estero, seguono gli stessi media e partecipano agli stessi eventi internazionali. » Sono ormai poche le differenze tra i vari mercati. Si sa, ad esempio, che gli americani amano gli oggetti grandi, quindi per loro Damiani aumenta i volumi, mentre, al contrario, per i raffinatissimi asiatici li riduce. I giapponesi non usano il buco nell'orecchio, quindi per loro gli orecchini devono avere le clips.

« Nella moda a volte un'idea singolare aiuta alla diffusione del marchio. Nell'oreficeria questo non può accadere, dobbiamo essere tradizionalisti e innovatori, il gioiello deve essere senza tempo. »

Tassello dopo tassello, Guido, Giorgio e Silvia hanno costruito il mosaico Damiani. L'azienda oggi ha seicento dipendenti e nel gruppo sono entrati nuovi marchi: i gioielli più fantasiosi portano il nome di Alfieri & St John, mentre Bliss è il marchio destinato ai giovani. Nel 2006 hanno acquistato lo storico negozio milanese Calderoni e la catena di alta gioielleria e orologeria Rocca.

I loro monili hanno allietato i red carpet durante la notte degli Oscar a Los Angeles, al Festival di Cannes e alla Mostra del cinema di Venezia. Ormai l'elenco delle star che li indossano è infinito. « Spesso sono i testimonial stessi a sceglierci... il gioiello fa da trait d'union fra noi e loro. Ci contattano perché l'hanno acquistato, oppure per chiederlo in prestito per una serata. Negli ultimi anni il mondo è diventato veloce anche per le star. Difficile, per quelle delle nuove generazioni, resistere nel tempo.» Oggi anche gli dei hanno una breve durata; macinati in un sistema consumistico che li cambia in continuazione, sono costretti a scendere spesso dall'Olimpo. La vera immortalità rimane appannaggio esclusivo dei diamanti.

PENNE AURORA

Torino

Per Cesare Verona la traccia dell'inchiostro sul foglio è un'irresistibile attrazione, qualcosa che ha attraversato più di un secolo di storia della sua famiglia, che è ancora in grado di affascinare, nonostante l'avvento di internet e dell'era digitale. Delle penne, nella fattispecie della leggendaria Aurora, nessuno può ancora fare a meno. « La stilografica, la penna a sfera sono un'estensione della mano e del pensiero. Non si è mai vista una riunione in cui i partecipanti non prendessero appunti », spiega con orgoglio il presidente e amministratore delegato dell'azienda torinese.

Un marchio, Aurora, la cui storia è legata agli intrecci tra due famiglie della Torino ebraica, i Levi e i Verona, entrambe impegnate, inizialmente su fronti opposti, nel mondo della scrittura. Tutto nasce dall'intraprendenza di due imprenditori-intellettuali, Cesare Verona, bisnonno dell'attuale amministratore delegato, e Isaia Levi, entrambi amanti della cultura ma votati, anziché a coltivare l'ambizione di essere autori in prima persona di opere letterarie, a lasciare la loro impronta creando gli strumenti con cui altri le firmeranno.

Cesare è il primo importatore della macchina per scrivere statunitense Remington. Era fine Ottocento e l'amico Camillo Olivetti non si era ancora lanciato nella sua famosa produzione. Quando accadrà, la fraterna relazione fra Verona e Olivetti si trasformerà in « concorrenza ». Poco meno di dieci anni dopo, nel 1919, Isaia Levi, altro protagonista fondamentale della vicenda, compie il grande passo, creando la Fabbrica italiana penne a serbatoio Aurora. Classe 1863, Isaia è proprietario di un'importante impresa tessile, fondata dal padre Donato, con stabilimenti in diverse zone d'Italia, ma per la sede di Aurora sceglie il centro di Torino, la sua città.

Le prime penne a serbatoio sono ispirate a quelle americane prodotte da Waterman, ma l'industriale studia innovazioni tecniche e commerciali per creare modelli originali, a cui affianca altri prodotti per la scrittura: matite, inchiostri, gomme. Negli anni Venti l'impresa produce e commercializza raffinati modelli in ebanite, in metalli preziosi e in celluloide.

Gli interessi di Isaia Levi sono svariati e scoppiettanti come fuochi d'artificio, abbigliamento, grande distribuzione, cinematografia, gomma, elettricità, meccanica, finanza. Nel 1931 l'imprenditore acquista azioni dalla casa editrice Zanichelli e ne diventa presidente, carica che mantiene fino al 1949. Ma le penne continuano a costituire una parte importante del suo piccolo impero. Il successo di Aurora cresce sempre di più, come conferma la partecipazione dell'azienda alle fiere di Milano e Lipsia. Levi studia campagne pubblicitarie attente ai linguaggi artistici del momento. In un poster, l'illustratore Mauzan disegna il volto di un uomo sorridente, sulla cui fronte qualcuno sta scrivendo, con una penna: « Ricordate ». E come dimenticarlo? L'immagine si ispira al *Voyage dans la lune* di Georges Méliès in cui un razzo colpisce la luna che nel film ha occhi e bocca. Altre pubblicità puntano invece sulla qualità del prodotto. Nel 1922, per il lancio della penna *Ara 4* l'illustrazione mostra un prolifico scrittore circondato da decine di fogli scritti a mano, con uno slogan che dice: « Quando la penna non costringe a interruzione, la fantasia crea con maggior facilità ». Negli anni Trenta Aurora si espande in Francia, Spagna, Argentina e in anticipo sulla moda del made in Italy sottolinea la propria origine con un manifesto su cui è riportata la scritta: « La penna Aurora è distintivo di italianità ».

All'epoca dell'Impero e delle campagne d'Africa risale *Etiopia*, la stilografica per gli ufficiali mandati al fronte, bianca con il simbolo dell'aquila imperiale sul cappuccio e dotata di un serbatoio sul fondo per contenere le pastiglie di inchiostro essiccato. In realtà il legame fra la penna e le campagne d'Africa è un'altra geniale trovata promozionale: la penna è stata ideata successivamente al conflitto.

Le stilografiche di quel decennio si riconoscono

per lo stile massiccio ed elegante e i nomi in cui risuona l'enfasi del regime: Superba, Internazionale, Novum, Asteròpe. L'imprenditore è cresciuto nel laico Piemonte sabaudo, in cui chi, come lui, appartiene alla religione ebraica, ha gli stessi diritti dei concittadini. Per lui le leggi razziali arrivano violente e inattese. Levi, senatore del Regno, trasforma con astuzia le imprese di sua proprietà in società anonime e intesta le azioni ad amici di « razza ariana », come esige il fascismo. Salva la Fabbrica italiana di penne a serbatoio Aurora facendola diventare Sapem-Società anonima penne e matite. Grazie ai suoi stretti rapporti con i vertici politici, nel 1940 ottiene, caso rarissimo, « l'arianizzazione », che fa scomparire dai documenti la sua appartenenza al popolo ebraico. Evidentemente il regime non vuole perdere uno dei maggiori esponenti del capitalismo italiano. Fino al 1943 Levi si occupa in modo discreto delle sue imprese, poi è costretto a rifugiarsi in Vaticano.

La Seconda guerra mondiale lascia il segno anche sulla sede originaria dell'Aurora. L'edificio in via Basilica 4 a Torino viene bombardato nel 1943. Per ricominciare Isaia sceglie una fabbrica già esistente a Stura, alla periferia della città, la stessa dove qualche anno prima ha esordito Olivetti. Ancora oggi la sede dello stabilimento Aurora è in quelle due palazzine gemelle degli anni Venti che conservano lo stile architettonico di quel periodo, nonostante i numerosi interventi fatti nel tempo per ammodernarli.

Quando decide di lasciare l'azienda, Isaia Levi chiama il nipote prediletto, Giovanni Enriques, figlio di sua cognata, Luisa Coen, e del matematico e filosofo Federigo Enriques. Giovanni è nato a Bologna nel 1905, è un intellettuale sofisticato e un imprenditore lungimirante. Si è laureato in ingegneria, ha frequentato i giovani fisici di via Panisperna, Franco Rasetti, Emilio Segrè, Edoardo Amaldi, Oscar D'Agostino ed Enrico Fermi, con cui mantiene un'amicizia profonda. Entrato nel 1930 alla Olivetti assumendo subito incarichi direzionali, nel 1945 debutta nel consiglio d'amministrazione di Sapem, ne sottoscrive l'aumento del capitale e diventa il maggior azionista dell'Aurora S.p.A.

Nel frattempo Franco, nipote di Cesare Verona, ha trascorso un lungo periodo in Argentina, dove è emigrato in seguito alla proclamazione delle leggi razziali, poi si è laureato in ingegneria e ha cominciato a lavorare alla Remington, come da tradizione famigliare. Rientra in Italia negli anni Cinquanta e si iscrive ai corsi dell'Ipsoa, Istituto postuniversitario per lo studio dell'organizzazione aziendale. Qui fra i docenti ritrova Giovanni Enriques, un amico di famiglia. L'incontro fra i due ingegneri si rivela fondamentale per l'evoluzione di Aurora. Nel 1958 Franco entra nella fabbrica di Stura per occuparsi del settore commerciale, nel 1973 è l'amministratore delegato, dopo aver rilevato la quota di maggioranza delle azioni.

Intanto la produzione dell'Aurora si intreccia alla storia del design italiano del Dopoguerra. In ogni tappa della produzione si associano il nome di una penna stilografica e quello di un grande progettista. Nasce la serie *Aurora 88*, progettata da Marcello Nizzoli nel 1947; il premio Nobel Giorgio Natta crea *Duo Cart*, una penna per tutti dai costi contenuti; nel 1963 esce la *98* di Albe Steiner. Le Auretta vengono messe in commercio nel 1965 e sono rivolte alle studentesse e alle giovani signore; nel 1970 da un'idea di Marco Zanuso, dell'ufficio stile Aurora, vedono la luce *Hastil* e *Thesi* piatte ed eleganti, due esemplari oggi esposti al Moma di New York.

Una vicenda gloriosa di creatività e imprenditoria, che Cesare Verona, l'attuale presidente dell'Aurora, ha dovuto imparare da solo o quasi. «Quando ho comunicato a mio padre che avrei scritto la tesi di laurea su Aurora, lui mi ha detto che andava bene, purché non mi rivolgessi né a lui né ai suoi dipendenti.» Una lezione indimenticabile. «Voleva comunicarmi: 'Metti la testa fuori dall'acqua, rischia'. Questo era il senso dell'apparente mancanza di disponibilità.» Del resto Franco aveva portato l'azienda a essere leader nel settore tenendo sempre separata la famiglia dal lavoro. «Nemmeno mamma poteva venire in azienda, l'ho invitata io dopo quattro anni che ci lavoravo. Quando mio padre l'ha saputo è andato su tutte le furie, poi si è rassegnato. » Una famiglia formale, come tante in quegli anni, dove figli e genitori non cenano mai insieme e hanno poche occasioni per parlarsi.

Quando Cesare si laurea a pieni voti nel 1986, decide di lavorare altrove. Rientra in azienda, dopo una serie di esperienze che l'hanno fatto crescere. Con disinvoltura si propone subito al padre per il settore esportazioni di Aurora. Franco ancora una volta vuole impartirgli una lezione, e rifiuta. Gli nega l'incarico anche quando Cesare arriva a concludere il primo contratto da un miliardo per una grande vendita all'estero. Per suo padre tutto deve essere conquistato poco a poco.

Oggi che Franco è il presidente onorario, il figlio lo chiama tutte le sere e gli racconta come va l'azienda, lo aggiorna sui tanti cambiamenti ancora in corso. Se prima il mercato di Aurora era al novantasette per cento nazionale, oggi il cinquantadue per cento della produzione viene esportata e solo il quarantotto resta in Italia. Un ampliamento del mercato che è stato fondamentale per la sopravvivenza del marchio e che Cesare ha ottenuto grazie alla sua tenacia, applicandosi come un certosino a modernizzare la mentalità dell'azienda.

« Quando proponevo una novità, mi sentivo rispondere regolarmente: abbiamo sempre fatto così, perché cambiare? » Per ogni cosa ci devono essere i tempi giusti. Se all'inizio degli anni Novanta la lingua più parlata in azienda era ancora il piemontese, oggi è l'inglese; se in quegli anni la media dell'età dei dipendenti era cinquantacinque anni, oggi è di trentadue. E se mamma Ornella ha impiegato anni per poter visitare la fabbrica, Linda, moglie di Cesare, si occupa di esportazioni e progetti speciali: « Chi l'ha detto che se si lavora insieme il matrimonio ne risente? Anzi: litighiamo e facciamo pace più volte al giorno ».

Aurora si occupa di ogni dettaglio delle sue penne: tutto nasce all'interno della fabbrica, dal progetto alla produzione, perfino il pennino, motore della stilografica, viene concepito in casa, come del resto la vendita e l'assistenza. « Per restare in Italia devi essere creativo e attivo. Se ti fermi sei finito. » A chi gli propone di andarsene altrove, magari in Cina o in Svizzera, dove la fiscalità è più veloce, Cesare Verona ricorda di essersi risposto prima ancora che glielo chiedessero. Venticinque anni fa ha fatto applicare sulle divise degli operai la bandiera italiana e nel cortile della sede aziendale ha installato un tricolore che ogni sera si illumina come il marchio Aurora. « Parlo cinque lingue, ho visitato centoquarantasei Paesi. Mi sento poco torinese e molto italiano ma sono rimasto attaccato alle mie radici. Trascorro tanto tempo all'estero ma in questi edifici c'è un pezzo di storia mia, della mia famiglia e dell'impresa italiana. Non voglio lasciarla. »

Indica una delle palazzine in cui ha creato l'Officina della scrittura e l'Officina del segno per insegnare ai ragazzi a conoscerlo e decodificarlo in una civiltà come la nostra che rischia di perdere il legame con la scrittura a mano. Nella stessa struttura c'è un auditorium: « La scrittura deve essere anche ascoltata ». La parola per Cesare Verona è fondamentale: « Viviamo su quella e sulla stretta di mano ». Ne sono prova i rapporti con il distributore giapponese, che da quarantasette anni lavora senza contratto con l'azienda torinese, o con quello americano, che vi collabora da più di venti. Con le penne Aurora hanno scritto e firmato capi di Stato e premi Nobel, artisti e star del cinema. « La creatività italiana è il nostro punto di forza. Mi piace produrre penne, sono un oggetto meraviglioso e, in un mondo sempre più omologato, scrivere a mano fa sentire unici. »

CERAMICHE CERDOMUS

Castel Bolognese, Ravenna

Ci sono casi in cui l'eredità di un artista va oltre la sua pur preziosa opera e sopravvive assumendo nuove forme. Le fortunate mani di Angelo Bianci-ni, scultore nato a Castel Bolognese nel 1911, hanno prodotto opere in bronzo, legno, cemento, marmo e soprattutto in ceramica, il materiale con cui realizzò il bassorilievo dell'*Annunciazione* e la statua di *Atteone* conservati al Museo della ceramica di Faenza.

Lo scultore si era accostato a quel materiale ricco di storia, tradizionale punto di incontro tra arte, artigianato e produzione industriale, quando la Manifattura ceramica di Laveno Mombello, in provincia di Varese, lo aveva chiamato a modellare piccole figure di animali sul vasellame d'arredo. In seguito, non aveva mai raccontato ai figli la piacevole sorpresa che aveva provato nel lavorare quella sostanza malleabile che si induriva solo dopo la cottura in forno e nemmeno la voglia di sperimentarla su figure più grandi. Era rimasto un suo segreto. Ma quando si trattò di scegliere le scuole superiori non ebbe dubbi e li iscrisse tutti e tre all'Istituto d'arte di Faenza. Le due ragazze al corso artistico e l'unico figlio maschio, Cesare, a quello tecnico, sulle ceramiche industriali.

E così la sua passione per la ceramica si trasferisce alla generazione successiva. Il giovane Cesare viaggia con il padre, si occupa dell'installazione di molti suoi lavori, fra cui il complesso scultoreo sul monte Carmelo di Chicago, le porte della nuova Basilica di Nazareth, i tre portali del Sacro Cuore di Firenze, il gruppo per Nostra Signora di Fatima in Florida. Cesare però, a differenza del padre, sceglie poi la strada della produzione industriale, e nel 1969, con alcuni amici e collaboratori, fonda Cerdomus ceramiche S.p.A., che oggi è l'azienda leader nel settore delle piastrelle sul mercato statunitense, il più importante al mondo.

Ma nonostante la scelta imprenditoriale, Cesare ha ereditato anche altri aspetti dell'amore con cui il padre realizzava le proprie opere artistiche. Oltre a creare composizioni monumentali, Angelo si sbizzarriva nelle piccole dimensioni, come quando modellava le testine in bronzo o in ceramica, tutte di profonda espressività. Ogni creazione doveva essere unica, interveniva su ogni singolo pezzo per trasformarlo in un esemplare inconfondibile. E Cesare ha cercato di infondere nei suoi prodotti lo stesso spirito libero e fantasioso, nonostante l'impresa fosse ancora più difficile, essendo chiamato a realizzare un prodotto in serie, destinato ad arredare case e uffici. Nonostante la ripetitività del formato, Cesare è riuscito, unendo tecnologia e creatività, a rendere ogni pezzo inconfondibile.

La strada però è lunga. All'inizio, per tutto il primo decennio di vita dell'azienda, la produzione risponde alle richieste del momento da parte di una clientela ancora tradizionalista, che non osa andare oltre una gamma di colori delicati, come il verde pastello, il giallo pallido, il rosa confetto, il bianco. Le piastrelle vengono scelte per la praticità, e nelle cucine italiane, fin dagli anni del boom economico, vengono disposte sulle quattro pareti fino all'altezza di due metri e venti, offrendo una superficie lavabile e resistente. La fabbrica prova a introdurre qualche variante alle tonalità, propone alcune grafiche prese dalla tradizione faentina, ma per il momento il maggior cambiamento è nei formati, sempre più vari e numerosi.

In ogni caso, la qualità Cerdomus viene subito riconosciuta anche all'estero e nel 1972 partono le prime esportazioni. La produzione cresce e, se all'apertura della fabbrica bastava un solo forno di cottura per la ceramica, dopo pochi mesi i fondatori ne devono acquistare un altro. I tempi di attesa per le consegne arrivano fino a sei, sette mesi, ma la clientela è paziente e aspetta.

Anche le tecniche produttive cominciano a cambiare. Fino al termine degli anni Settanta, esiste solo la lavorazione in bicottura. Le aziende producono una specie di grande biscotto che trasferiscono ad altri laboratori specializzati nella smaltatura e poi lo ricuociono per fissare i colori. Troppi passaggi, troppi sprechi di tempo. Cesare intuisce che l'innovazione passa attraverso il ciclo completo della produzione, acquista le materie prime, la terra, le sabbie, le miscele, le elabora in una pasta duttile che, dopo essere stata pressata, viene cotta. E così nel 1979 la fabbrica inaugura il primo forno a monocottura per rendere la produzione più autonoma e soprattutto rapida.

Poi nel 1996 una nuova svolta. In Cerdomus arriva il primo impianto per la produzione del gres porcellanato, un impasto superiore che necessita di forni con temperature di 1220 gradi, per poter eliminare tutta l'acqua contenuta all'interno dell'impasto. Un prodotto indistruttibile, che non si rompe nemmeno con il gelo e viene usato anche in esterno. È la nuova carta vincente dell'azienda, che ormai dà lavoro al settanta per cento degli abitanti di Castel Bolognese, un paesino di seimila abitanti.

Nel frattempo però Cesare non ha dimenticato l'ossessione di suo padre per l'unicità di ogni sua creazione. Un giorno, dopo aver osservato a lungo i prodotti per la pavimentazione, il figlio dello scultore decide che anche le piastrelle uscite dalla sua fabbrica, o almeno alcune collezioni, dovranno costituire dei pezzi unici. In fondo la natura stessa insegna che nulla può essere uguale, nemmeno le pietre, i fiori, gli alberi lo sono. Cesare fa costruire una macchina per rompere i bordi delle piastrelle, renderli irregolari, in modo che non ci siano due esemplari identici tra loro. Quell'intuizione, avvenuta nel 1999, è un terno al lotto, e ancora oggi le serie realizzate con questa tecnica sono tra i prodotti più richiesti dell'azienda.

La ricerca dell'unicità passa anche dai colori. Il blu diventa per Biancini e soci « blucerdomus », impossibile da imitare. Murano, Basalto, Kyrah. L'innovazione in questo campo si arresta per tutto il periodo minimalista, iniziato negli anni Ottanta, in cui la moda del monocromo, o del non-colore bianco o nero, uccide il desiderio di svariate tinte. Sono anni noiosi, ma alla fine passano anche quelli.

In epoche ancora più recenti, il desiderio di creare pezzi dotati di una propria individualità irripetibile si intreccia con l'evoluzione tecnologica, quando nascono le macchine per la decorazione digitale ad alta definizione. Cerdomus coglie subito la novità e allestisce Cerdigitales, un nuovo impianto per l'ideazione di rivestimenti in mattonelle. La digitalizzazione permette qualsiasi riproduzione e l'industria emiliana riproduce sulle piastrelle i segni della pietra oppure le venature del legno rendendole simili alla materia che le ha ispirate, ma indistruttibili. Anche questa volta, ogni pezzo è unico.

L'unicità diventa anche uno strumento efficace

di marketing, un modo per far emergere Cerdomus nel vasto panorama dell'industria ceramica italiana. Ogni anno l'azienda decide di inventare una collezione fuori dagli schemi, una linea inattesa che fa accorrere, con un passaparola, gli esperti del settore sia alla fiera di Orlando sia a quella di Bologna, le due maggiori al mondo per la ceramica d'arredo. Non sempre queste linee hanno lo stesso successo, ma servono comunque a far conoscere il marchio, a diffondere un'aspettativa nei clienti, nei distributori. I pezzi che restano invenduti, in ogni caso, non vengono gettati. Si accumulano, su un terreno scoperto di fronte alla fabbrica, a Castel Bolognese, in attesa di essere macinati e polverizzati. Torneranno a essere impasto di produzione perché sono materiale inerte originato da materie prime naturali, come l'argilla il caolino e i feldspati mentre i rottami di mattonelle verranno riutilizzati dopo la frantumazione per riempire i sottofondi stradali o degli edifici. In fondo una produzione che origina dalla natura si ispira al principio rigeneratore della natura stessa secondo cui tutto, in qualche modo, rinasce.

In questo modo, si rimedia ai rischi prodotti dalla necessità di innovare, di creare prodotti che soddisfino le richieste di una clientela che non si accontenta più di avere un materiale solido, pratico e pressoché indistruttibile. Nel mondo dei consumi anche le mattonelle subiscono la moda, aumentano le fiere del settore, le collezioni hanno l'obbligo di rinnovarsi ogni sei mesi, solo così si possono presentare sui mercati internazionali. « E per mostrare devi produrre, nessuno acquista sulla carta. » Purtroppo però, soprattutto in Italia, la distribuzione non si è ancora adeguata a questi repentini mutamenti. Nel nostro Paese non c'è mai stata un'attenzione al cliente privato, i rivenditori di piastrelle e pavimenti erano abituati a trattare con le imprese edili, a proporre materiali standardizzati a chi stava costruendo condomini con ottanta appartamenti o infinite schiere di villette. Con la crisi dell'edilizia è cambiata la committenza, nei negozi italiani di piastrelle e pavimenti entra la famiglia che vuole rifare il bagno e chiede un consiglio. « Un'azienda come la nostra non fa volumi ma qualità, quindi ha bisogno di argomentazioni per sostenere le differenze che ci sono fra un prodotto e l'altro e a volte ha la sensazione che molti negozi non abbiano un personale così preparato. All'estero, per fortuna sì. »

Il mondo, infatti, è cambiato. Il piacere dell'eleganza non appartiene più soltanto alla vecchia Europa, ma anche a tanti Paesi dalle economie emergenti, che hanno sviluppato un'attenzione particolare per le idee italiane e per tutto ciò che esce dalla classicità. Di recente, un cliente di Lahore ha acquistato la collezione di piastrelle da rivestimento più sofisticata prodotta da Cerdomus. Non ha avuto dubbi sulla scelta. Sta realizzando una catena di sale cinematografiche in Pakistan, vuole stupire per la bellezza e la resistenza.

E gli appassionati stranieri non si limitano a voler comprare i prodotti Cerdomus. Il brand è apprezzato e corteggiato da gruppi finanziari e industriali del Medio Oriente e dell'America Latina, che hanno già lanciato ottime offerte per acquisirlo. Ma la famiglia Biancini non intende cedere. « Sono interessati solo al marchio, non all'eccellenza, perché questa significherebbe rimanere qui », spiega Luca, figlio di Cesare e oggi direttore marketing dell'impresa. In azienda c'è quasi nato, sua mamma vi lavorava durante la gravidanza. « Giro il mondo eppure continuo a pensare che le grandi idee non possono che nascere qui. »

FLORICOLTURE BIANCHERI

Sanremo

Prima di partire per la Francia, Alberto Biancheri l'aveva giurato: non sarebbe mai più rientrato a Sanremo, non voleva diventare un floricoltore come suo padre e suo nonno. Siamo alla fine degli anni Settanta: un futuro già scritto nell'azienda di famiglia e il desiderio di fuggire dalla provincia per conoscere il mondo e imparare più lingue possibile. Alcuni anni fuori casa per crescere e ritornare, scoprendo che le promesse fatte nella giovinezza sono le più difficili da mantenere. Oggi Alberto Biancheri è uno dei ricercatori nella floricoltura fra i più importanti d'Italia e fra i più originali nel panorama internazionale. E non solo: dal 2014 è anche sindaco della sua città natale, ed è pronto a puntare ancora sulle risorse del Paese.

«Solo dopo aver viaggiato all'estero ho capito che sull'Italia potevo scommettere. Abbiamo il microclima, un territorio generoso, solo che spesso non siamo capaci di valorizzarli e venderli.» A volte si tratta solo di ritrovare paesaggi, tradizioni e risorse che diamo per scontati, ma che possono trasformarsi in ricchezze. Il successo della sua azienda è lì a dimostrarlo, e la sua grande riscoperta, l'intuizione che lo renderà famoso in tutto il mondo, è un fiore apparentemente modesto, il ranuncolo.

All'inizio degli anni Ottanta, Alberto è già in azienda. Amplia le serre di papà Antonio, a Camporosso, ne apre altre in Sicilia, settantamila metri quadrati fra Ragusa e Vittoria. Se Antonio ha sempre comprato i bulbi dall'Olanda e dalla Francia, il figlio preferisce rischiare e sceglie di creare nuove varietà. Punta sulla ricerca, e parte proprio dai ranuncoli, di cui crea varietà di grande successo. Poi sarà la volta degli anemoni, un altro fiore che nasce spontaneamente nei prati e nei campi, e che l'uomo può modificare rendendolo più prezioso. Pochi ci avevano ancora pensato.

Alberto sceglie buoni collaboratori, acquista i semi, inizia a coltivarli nelle serre per creare i bulbi. Agli esordi, per le sperimentazioni, bastano duemilacinquecento metri quadrati, oggi sono più di centomila. La prima linea di ranuncoli firmata Alberto Biancheri esce nel 1985, l'artista-floricoltore ha ventotto anni e la voglia di andare oltre. Non è ancora soddisfatto.

L'opportunità arriva nel 1990 quando l'Istituto regionale per la floricoltura gli offre la possibilità di adottare un nuovo protocollo di lavoro per clonare e modificare le linee dinastiche dei fiori. Alberto decide di investire, non importa quello che accadrà, vuole crederci e apre un laboratorio. Dieci anni di ricerca inarrestabile e i risultati sono subito eccellenti.

Aumentano le varietà del ranuncolo che diventa un fiore richiesto da tutti i mercati. Ecco le linee Elegance, Festival, Success, sono i primi esemplari concepiti nelle serre di Camporosso. Si tratta di ranuncoli tondi e pieni, i petali si aprono con armonia, lo stelo viene reciso alla lunghezza di quarantacinque centimetri, ma può arrivare anche a cinquantacinque. E soprattutto vengono prodotti in un'infinità di colori, una varietà che consente a questo fiore, un tempo trascurato, di conquistare spazio nelle case di clienti sparsi in tutto il mondo.

Intanto la ricerca continua, perché Alberto e i suoi collaboratori, nonostante il successo, sono sempre disposti a lasciarsi cogliere dallo stupore di una nuova scoperta. Come quando, quasi per caso, spunta Pon Pon, chiamato così perché ricorda una piccola palla variegata. Deve essere colto già aperto, e, una volta reciso, resiste in un vaso anche tre settimane, per questo è così amato dai fioristi. Grazie alle ibridazioni e alle clonazioni, da fiore di campo selvatico il ranuncolo è diventato forte, un cambiamento radicale che trasforma non solo l'industria floreale, ma anche il linguaggio stesso dei fiori. Se un tempo il ranuncolo era associato a un nostalgico languore, oggi trasmette qualcosa di unico e duraturo come dovrebbero essere la fedeltà, l'amicizia, l'affetto, la vita stessa.

Ma dietro ogni scoperta, c'è un lungo lavoro di

selezione. L'imprenditore ogni anno produce una strabiliante varietà di semi di ranuncolo e anemone, nella prima cernita ne sceglie cento, poi cinquanta fino ad arrivare ai cinque che verranno commercializzati in bulbi. Un procedimento sofisticato che richiede almeno cinque anni di elaborazione nelle serre di Camporosso.

Il cliente nel Sud Europa acquista il bulbo a settembre, lo pianta e lo vede fiorire all'inizio di novembre fino ad aprile. Da questo momento i fiori sono in vendita, gli esportatori li danno ai grossisti, ai fioristi, oppure alle aste olandesi.

Oggi la Biancheri Creations, l'azienda fondata da Alberto nel 1982, vende oltre venti milioni di bulbi l'anno, il sessanta per cento all'estero, ed è una delle poche realtà in crescita nella floricoltura italiana. Le varietà più vendute di ranuncoli e anemoni sono quelle pensate per i fiori recisi, presenti sui mercati italiano, francese, olandese, israeliano, in quelli del Nord e del Sud America. Negli Stati Uniti, in Giappone e nel Nord Europa sono più ricercate quelle da vaso fiorito. Dietro il loro grande successo, non c'è solo la ricerca spasmodica, ma anche oculate scelte strategiche e di marketing. I fiori della Biancheri Creations viaggiano ovunque per la distribuzione. Alberto però ha scelto di non collaborare con le multinazionali dei fiori e di appoggiarsi ad agenti specifici sparsi per il mondo. Le sue varietà non devono confondersi con le altre, ma restare uniche. Un desiderio di unicità che serve anche a creare una squadra compatta, pronta a seguire con passione il prodotto dalla sua creazione fino alla vendita al cliente, con un senso di appartenenza che si nota anche nel personale, soprattutto d'estate quando è il momento di fare le spedizioni dei bulbi.

E poi, dietro il successo di Alberto, c'è la storia della famiglia Biancheri e della sua grande passione per i fiori. Un innamoramento che inizia prima della Seconda guerra mondiale, quando nonno Duilio e papà Antonio partivano all'alba da Borghetto San Nicolò, sopra Bordighera, per andare a Gras, in Francia, dove c'erano le distillerie dei profumi. All'andata portavano i petali di rosa che avevano raccolto, al ritorno, nei loro sacchi, c'erano i primi bulbi di anemoni da piantare.

Su questo passato Alberto innesta il proprio amore e finalmente, quando vede nascere, dopo i ranuncoli, i primi anemoni da lui ibridati, sente la propria appartenenza alla floricoltura. Chiama quelle prime scoperte Mistral, per le coltivazioni in pien'aria, e Mistral plus, per quelle in serra. Erano suoi, li aveva creati lui ed erano diversi da quelli che commercializzava suo padre. Una sottile competizione, che Antonio preferisce ignorare, ammirato dall'intraprendenza di quel ragazzo che guarda al mondo.

Tra l'altro, la ricerca di Alberto su ranuncoli e anemoni arriva proprio al momento giusto. Alla metà degli anni Novanta la floricoltura ligure entra in una crisi lenta e letale: uno dopo l'altro i fiori della famosa Riviera spariscono. Il delicato garofano, la specie più coltivata a Imperia, viene colpito da fusariosi, una malattia fungina devastante che ha già decimato la coltivazione dei ciclamini e dei crisantemi. Nel 1970 in Riviera si potevano contemplare cento milioni di piante di garofani, oggi si arriva a malapena a tre milioni.

Sorte diversa ma altrettanto disastrosa per la rosa italiana. Schiacciati dalla concorrenza proveniente dal Sud del mondo, i coltivatori liguri non riescono più a competere, perché nel nostro Paese è troppo costoso riscaldare le serre. Antonio aveva studiato e commercializzato la rosa, era stato il concessionario per l'Italia delle Meilland, fra gli esemplari più belli della floricoltura mondiale. Come la Baccarat, dal colore rosso vivo, la simbolica Peace, nata nel 1945 per celebrare la fine della Seconda guerra mondiale, la Cocktail dai petali gialli sfumati di arancione, la Black Gold, un bocciolo rosso scuro che quando si apre svela i petali giallo oro, la profumata Sonia nata come fiore da taglio e poi trasformata in rosa da giardino. Oggi invece dai fioristi si comprano le rose Red Noemi e Grand Prix, varietà coltivate in Sud America, in Africa, con il gambo lunghissimo, senza spine e soprattutto a basso costo, nonostante il trasporto.

« In Italia i fiori non si regalano quasi più, né si acquistano per ornare la casa », spiega Silvio Bregliano, presidente dell'Associazione nazionale commercianti esportatori fiori. « È una consuetudine rimasta negli altri Paesi. In Svizzera il consumo di fiori è il più alto al mondo: nove milioni di abitanti acquistano più fiori dei sessanta milioni di italiani. La floricoltura ligure è stata penalizzata anche da una logistica inadeguata. »

Con l'inizio del nuovo millennio la crisi diventa inarrestabile, ma a tenere alto il nome di Sanremo e della Biancheri Creations sono proprio i fiori di campo trasformati, i ranuncoli, gli anemoni, i papaveri, che occupano sempre più spazi nel mercato della floricoltura, quelli lasciati liberi dalle rose e dai garofani.

Proprio l'anemone è anche il fiore preferito di Antonio, perché nasce selvatico nelle campagne, si adatta a ogni luogo purché soleggiato, porta la primavera in casa anche se fiorisce d'inverno. « Nessun altro fiore può competere con la sua bellezza, forse solo il papavero. » Ricorda quando da bambino, a otto, dieci anni, andava a cogliere le prime violette spontanee che fioriscono dopo Natale per venderle agli inglesi, aspettando con pazienza, ogni giovedì, che passassero le loro carrozze. Confrontava quelle sue prime vendite con i racconti della nonna, nata nel 1860, che alla sua stessa età andava da Borghetto San Nicolò a Nizza per vendere i limoni coltivati nell'entroterra. Partiva con le compagne, quasi tutte coetanee, alle due di notte. Non c'erano mezzi di trasporto, insieme percorrevano le mulattiere verso il confine.

La Francia è il Paese verso cui era emigrato Alberto e in cui tutti i Biancheri, generazione dopo generazione, avevano compiuto i primi passi nella floricoltura. Duilio vi aveva vissuto per alcuni anni e aveva passato al figlio Antonio i suoi contatti, come la Meilland di Cannet des Maures, ancora oggi una delle maggiori aziende del settore. E proprio da lì, da quei vivai e da quei laboratori, aveva voluto cominciare Alberto.

Oggi gli anemoni ideati da Biancheri Creations hanno una variegata cromaticità, lo stelo è dritto, la corolla ricca. E poi ci sono i papaveri, magnifici portafortuna fin dall'antichità, che nella linea Colibrì hanno colori intensi, capaci di unire i caratteri presenti in natura con un'ibridazione che li rende più resistenti. Pratolino, Millepetali sono alcuni nomi delle linee di ranuncoli ideati per il giardino come le linee degli anemoni, Pandora, Concerto.

« Oggi i fiori li battezzano i ricercatori. Non c'è mai una vena di poesia: prima i nomi erano molto evocativi. Le rose si chiamavamo Grace, Quatre Saisons, Bolshoi », commenta sconsolato Antonio. Ma due nomi sicuri Alberto ce li ha già, sono quelli delle figlie, Chiara e Giulia. A ogni nuova creazione pensa di usarli, ma regolarmente viene assalito da un dubbio. E se non fosse il ranuncolo più bello?

VETRERIA ETRUSCA

Montelupo Fiorentino, Firenze

Ad Altare, in provincia di Savona, la lavorazione del vetro è iniziata nel Medio Evo, a Montelupo Fiorentino è iniziata nel Rinascimento. In questi luoghi, sotto l'ala protettiva della Storia, vede la luce Vetreria Etrusca.

È il 1959 quando a Giovanni Bartolozzi viene offerta in affitto per tre anni la Vetreria Etrusca di Empoli, un marchio vetraio risalente al 1920. Al tempo del rilevamento l'imprenditore ha 24 anni e sta per dare inizio a una delle più notevoli produzioni in vetro di fiaschi, bottiglie di vino, olio, aceto, contenitori per prodotti alimentari e vetri artistici verdi.

Il suo legame con il mondo del vetro ha radici profonde. Figlio di una fiascaia, è cresciuto osservando gli intrecci di paglia per la protezione dei fiaschi. Ama la serietà di quel mondo contadino, in cui il lavoro di squadra è un valore.

Nel 1951, con diciannove soci, fonda la Cooperativa operai vetrai, che produce fiaschi impagliati per il Chianti, il vino della loro terra, e alla fine degli anni Cinquanta brevetta nuove tecniche per la protezione dei fiaschi.

Da secoli ormai il Chianti e il suo contenitore simbolo hanno spiccato il volo e dalla Toscana sono arrivati oltreoceano. Forti del successo, fin dagli anni Trenta le aziende vinicole toscane esportatrici bloccano la vendita del fiasco vuoto per impedirne l'utilizzazione ad altri vini. I nuovi rivestimenti scelti da Giovanni riducono i costi e i tempi di lavorazione, la richiesta del prodotto aumenta di giorno in giorno, tanto che la cooperativa non riesce più ad esaudirla. Per lui è una vittoria personale: ottocentomila fiaschi rivestiti l'anno e il riconoscimento delle sue procedure nel contratto nazionale delle impagliatrici.

All'inizio, quando Giovanni entra nell'impresa, un po' di paura per il grande passo c'è, ma in lui prevale il fascino per ciò che troverà in quella vetreria: un forno sei volte più grande di quello esistente a Montelupo, le macchine semiautomatiche e le quattro aree per la lavorazione a mano del vetro artistico, verde come vuole la tradizione empolese.

Il 30 aprile 1959 i nuovi proprietari cambiano nome alla società, che diventa Esercizio vetreria etrusca. L'acquisizione porta committenze, idee, clienti, grandi cambiamenti.

Per allontanare ogni timore Giovanni Bartolozzi accende personalmente il forno fusorio, un rito che gli porterà fortuna. È il 1° gennaio 1960, nel pieno di un periodo di rilancio economico per l'intero Paese. L'imprenditore si lascia condurre dal vetro, quella materia unica che ad alta temperatura diventa liquida e incandescente, concedendo all'uomo la possibilità di plasmarla, e che, dopo essersi raffreddata, si fa rigida. Molte aziende vetraie si occupano solo della trasformazione del vetro, Vetreria Etrusca segue invece l'intera produzione come si faceva cent'anni prima. Giovanni disegna con cura ogni forma, ogni dimensione, ogni volume, per dare un'impronta unica e originale alla produzione.

Il contenitore deve soddisfare lo sguardo, oltre che essere funzionale, solo così può colpire chi lo utilizza al punto da indurlo a riutilizzarlo. Una filosofia che raccoglie consensi e dà una svolta decisiva all'azienda.

Il vetro è un materiale magico e, a partire dagli anni Settanta, l'impresa lo usa per creare una serie di oggetti per la casa, fra cui candelabri, lampade da tavolo, caraffe e bicchieri.

Per progettarli, Giovanni contatta tra gli altri lo scultore Giorgio Bessi, un amico dei tempi della scuola. Attento al suo lavoro, è rimasto colpito da alcune figure grottesche che l'artista ha realizzato in ceramica ed esposto in alcune mostre. « E se provasse a usare il vetro? » si chiede. Nel 1967 tra i due inizia una collaborazione per creare articoli da tavola.

Con eleganza e ironia Bessi inventa la bottiglia Pinocchio, con il naso lungo e rosso, poi quella che viene battezzata « L'omino che sfonda il tetto di un'automobilina », con il tappo a fare da cappello all'incauto personaggio, a cui si aggiungono il Barboncino e il Cavallo a dondolo. Si tratta di temi insoliti per i contenitori in vetro, ma anche di prodotti originali nelle soluzioni tecniche.

Giorgio e Giovanni insieme si divertono e vivacizzano il mercato. Dal 1976 al 1986 le esportazioni di Vetreria Etrusca aumentano di dieci volte e in poco più di un decennio i mercati esteri che accolgono le loro creazioni diventano più di trenta, fra cui gli Stati Uniti, l'Europa, il Giappone e l'Australia.

Nel frattempo, nel 1977, appena finito il servizio militare, in azienda è entrato Riccardo Bartolozzi, il figlio maggiore di Giovanni. Conosce già il vetro attraverso i racconti del nonno e dei genitori, ma l'esperienza di quel decennio con Bessi e suo padre gli fornisce le basi per una professionalità e una consapevolezza del prodotto senza pari, grazie alla quale diventa responsabile del settore casalinghi.

« La creatività deve essere legata alle esigenze del prodotto, abbiamo sempre pensato a una personalizzazione dell'offerta. Come fosse un vetro ideato su misura per il cliente. » Da questa visione nascono la bottiglia Quadra, e la Tuscia, con il manico, pensata per il reimpiego dopo il consumo. Entrambe sono state concepite per contenere l'olio extravergine d'oliva e il loro successo va di pari passo con la diffusione di quel prezioso prodotto agricolo. Per quanto riguarda i vasi, tradizionalmente cilindrici, Vetreria Etrusca propone modelli quadrati, ed è di nuovo un successo. Per l'aceto balsamico, ancora sconosciuto ai più, si studiano anfore preziose come il liquido che offrono.

Ma proprio mentre la fabbrica sta crescendo, si presenta all'improvviso un grave problema: i soci non se la sentono più di rimanere, non sono più giovani e l'impresa per loro è un impegno troppo gravoso.

Per salvaguardare l'indipendenza dell'azienda bisogna acquisire le quote offerte dagli altri soci e trasferirle ai figli. Giovanni ha seguito con amore ogni evoluzione dello stabilimento, ha assunto i dipendenti, e adesso vuole coinvolgere gli altri figli. Ne parla con Fernanda, sua moglie, una donna solida e concreta, punto di riferimento per tutti.

Quando insieme lo comunicano in famiglia, Roberto ha solo diciassette anni, non ha ancora preso la maturità, né pensato a cosa farà dopo, ma accetta. Il giorno del suo diciottesimo compleanno riceve in dono le quote della società.

Andrea, invece, le sue scelte le ha già fatte. Si è trasferito a San Francisco presso un importatore di vini italiani e sta aprendo una fabbrica in Medio Oriente per la lavorazione della paglia per rivestire i fiaschi. Il richiamo dell'azienda di famiglia tuttavia è forte e anche lui decide di entrare nel progetto.

È il 1984, sono ancora anni di grande dinamismo per l'industria del vetro italiana. Empoli, Montelupo, Poggibonsi, Val Bormida, Val d'Elsa, Val d'Arno costituiscono un polo importante, in cui negli anni Settanta sono attive sessanta vetrerie, a fronte delle tre rimaste nel nuovo millennio.

Riccardo, Andrea e Roberto analizzano nel dettaglio i mercati. In Europa sono pochissime le vetrerie che sanno produrre bottiglie e vasi dalle forme singolari, per piccoli lotti. Forti della loro fantasia propongono contenitori innovativi e attraenti, esattamente quello che sta cercando il mercato.

Dopo una serie di modelli per il settore oleario, degli aceti e alimentare, in cui il colore del vetro proposto è quasi bianco, i fratelli Bartolozzi si ingegnano per dare vita a una serie di bottiglie per distillati e liquori, più luminose e trasparenti. Alla forma si affianca così la purezza « extra bianco », come viene definita.

Anche il settore del vetro, tuttavia, è colpito da crisi cicliche. La più epocale arriva in seguito a un mutamento dei costumi. Al set di bicchieri e caraffe coordinati si sostituiscono sempre più spesso nelle case prodotti sfusi. Le liste di nozze si fanno nelle agenzie di viaggio e i negozi di casalinghi entrano in crisi. Perciò nel 1991 l'azienda decide di chiudere il settore casalinghi, per investire maggiormente in bottiglie e vasi per uso alimentare.

Si tratta di una scelta dolorosa, che fa da spartiacque nella storia dello stabilimento. «Avevamo ordini per sei mesi», ricorda Riccardo. «Centinaia di prodotti studiati nei minimi dettagli, ma fu la scelta giusta.»

Nel 1990 c'è un'altra tappa da compiere: ricostruire il forno fusorio prossimo alla scadenza. Ma a Montelupo Fiorentino non c'è spazio per ampliare lo stabilimento e i costi di produzione stanno diventando troppo alti per essere competitivi. Poi, all'improvviso, arriva un colpo di fortuna. Ad Altare, nel comprensorio savonese rinomato in tutta Europa, i Bartolozzi trovano il forno dei loro sogni, in una vetreria moderna chiusa per fallimento.

Ci sono però due inconvenienti: la lontananza dalla sede storica dove restano gli uffici commerciali e la conversione della produzione, con il passaggio del vetro da pressato a soffiato, che comporta la necessità di formare nuovo personale specializzato.

Giovanni rivive i timori del trasferimento di tanti anni prima, ma questa volta ci sono i figli a sostenerlo e insieme superano tutti gli ostacoli. Riccardo, Andrea e Roberto ricordano la sera in cui il forno fiorentino si spegne per sempre, quando gli abitanti del paese e i dipendenti si radunano per assistere all'uscita delle ultime bottiglie. È il 1994, molte vetrerie sono ancora in funzione e nessun lavorante resta a casa. «L'azienda ha chiuso senza un giorno di sciopero, ma il dolore è stato comunque grande.»

L'acquisizione della nuova fabbrica cambia la produttività: da trenta tonnellate di vetro giornaliere i Bartolozzi si trovano a produrne centoventi. Ora la nuova sfida è pensare a come collocarle. Uno stabilimento così impegnativo ha bisogno di un partner industriale, e non finanziario, a cui rivolgersi per avere assistenza nella tecnologia. Nel 1996 Saint-Gobain Emballage entra con una partecipazione minoritaria nel capitale di Vetreria Etrusca.

In quegli anni in Italia il mercato del vino è in ascesa, ma il prodotto viene imbottigliato in bottiglie scure, difficili da fondere in un forno progettato per il vetro chiaro. Nonostante ciò, un po' per la nostalgia degli esordi, in cui creavano solo fiaschi e bottiglie, un po' perché sperimentare fa parte della loro personalità, Giovanni, Riccardo, Andrea e Roberto decidono di rientrare nel mercato del vino.

Nel 1999, in occasione del Simei, Salone internazionale macchine per enologia e imbottigliamento, presentano il verdetrusco, un vetro dalla colorazione forte, capace di garantire un'alta protezione dai raggi UV. Un rientro alla grande nel settore vinicolo, una nuova vittoria per la ricerca sul vetro che porta a centosettanta tonnellate la produzione giornaliera. Bottiglie per spumante, per birre artigianali, per il prosecco, contenitori per marmellata, sottaceti, paté: i modelli dei recipienti intrecciano lo sviluppo dei contenuti nell'agroalimentare.

« Creiamo mezzi di comunicazione, ogni contenitore valorizza il prodotto », spiega Roberto. « In genere il consumatore acquista perché riconosce un marchio o perché è attratto da qualcosa di particolare. » Forme, dimensioni, design, originalità sono il motto dell'azienda che continua a puntare su oggetti inconfondibili, pagando un prezzo alto per la propria creatività. « Progettiamo molti modelli e alcune volte veniamo copiati », interviene Andrea, amministratore delegato. « E capita che facciamo anche causa, ma in Italia la sentenza può arrivare dopo sette, dieci anni di attesa, quando ormai il prodotto è obsoleto. » Quando invece si sono trovati ad affrontare vicende analoghe in Francia o Germania, sottolinea, il processo si è concluso dopo sei mesi, un tempo ragionevole.

Tuttavia le soddisfazioni per l'azienda continuano ad arrivare. Nel 2005 l'Agenzia spaziale italiana commissiona all'azienda fiorentina una bottiglietta per contenere il vino Sassicaia, che con altri prodotti alimentari rappresentativi del nostro Paese è destinato a andare nello spazio. Si tratta di una bottiglia che deve resistere alla gravità, ma per i fratelli Bartolozzi questo non è certo un ostacolo insormontabile. Sono abituati a soddisfare le richieste più strane, come quella di molti clienti asiatici che esigono bottiglie pesantissime per dare consistenza ai propri acquisti. Proprio partendo da quest'esperienza realizzano l'esemplare destinato a proiettare il loro marchio dalla storia dell'artigianato italiano direttamente nel futuro. E il futuro prossimo è Centauro, un nuovo forno, che aprirà ad Altare nella primavera del 2016 e che aumenterà la capacità produttiva diminuendo i costi.

CAPPELLERIA GREVI

Signa, Firenze

Ci fu un momento nella storia della Grevi Sas in cui tutti, dai titolari alle operaie, ebbero la sensazione che non avrebbero mai più fatto cappelli. La guerra del Golfo aveva allontanato i loro unici clienti, gli americani. I telefoni non suonavano più, non arrivavano fax con le ordinazioni, perfino l'autostrada sembrava deserta. Eppure quel viaggio verso Milano con la nuova collezione da proporre agli stilisti, Roberta, Silvana e Giuseppe Grevi dovevano farlo. Era il 1990, avevano messo piede nella fabbrica di Signa da poco, senza che papà Alfonso o nonna Ada l'avessero richiesto, come se ci fosse stato un accordo segreto fra fratelli, prima la maggiore, poi la seconda e infine il più giovane. In famiglia non ci sarebbero mai stati una cantante lirica, una mosaicista o un giornalista. L'azienda doveva ripartire da loro e quel viaggio aveva un unico scopo: annunciarlo alla città della moda. Oggi la Grevi mode Sas produce in un anno centocinquantamila cappelli per donna, uomo, bambino venduti in tutti i continenti.

Un successo che Felice Marinesi, il fondatore,

non avrebbe mai immaginato. A lui basta sapere che Signa, il suo paese, è vicino a Firenze e che da lì passa tutto il mondo. Quando apre la fabbrica di pagliette da uomo, nel 1875, ha due sole preoccupazioni: farla funzionare bene e lasciarla, non avendo figli, a qualcuno di fidato. Sceglie i dipendenti migliori, Beppe Fantacci e Silvano Grevi, due amici che non sarebbero mai entrati in competizione tra loro. La paglietta è richiesta, nessun uomo elegante esce di casa senza.

Ma con la crisi del 1929 l'etichetta cambia, sempre meno uomini indossano il cappello, la paglietta quasi scompare, simbolo di un benessere lontano. Il lavoro cala, Silvano si guarda attorno, è ancora giovane, deve mettere su famiglia, pensare anche a se stesso. Si innamora dell'azienda concorrente, la Bacarelli di Genova, o perlomeno di Ada, la figlia del titolare, innovativa modista, che porta in dote forme e disegni per creare cappelli femminili. E non è tutto. Al suo seguito arrivano anche le « modestine », un gruppo di operaie esperte ed entusiaste di cambiare città.

Ada è attenta, conosce la clientela femminile più ricercata, i suoi cappelli vengono indossati perfino dalla moglie del granduca di Toscana. L'ispirazione la cerca a Parigi, dove ogni anno incontra le colleghe francesi e scambia con loro idee e consigli sui materiali. E se la Seconda guerra blocca il mercato, con la ripresa e la ricostruzione del Paese riparte anche la moda italiana.

Tuttavia, quando il figlio Alfonso entra in azienda, alla fine degli anni Cinquanta, tutto sembra di nuovo andare in salita. I Grevi, dopo quasi cent'anni, lasciano i soci e si mettono in proprio. Ma i veri problemi sono altri, imprevedibili e inarrestabili.

Il 3 novembre 1966 l'Arno straripa a Firenze, il timore che assale gli abitanti di Signa è che possa rompere gli argini anche lì. Tutti controllano il livello del fiume, e nessuno fa attenzione all'affluente, il Bisenzio, che colpisce la cittadina all'improvviso. Una catastrofe. I Grevi non riescono a salvare nemmeno un cappello, tanto che quell'anno non consegneranno nulla ai clienti, nemmeno uno delle centinaia di pezzi commissionati dalla Rinascente per i propri centri commerciali.

Alfonso Grevi è serio, sa resistere e ricominciare, ma quel decennio terribile gli infligge un'altra ferita. E sarà indelebile.

Il Sessantotto arriva violento, incomprensibile, le fabbriche chiudono, la moda cambia. I cappelli diventano un accessorio antico, da dimenticare. Come le relazioni, i ruoli sociali. Anche nel microcosmo dell'azienda di Signa tutto cambia all'improvviso. L'imprenditore non riesce a capire perché a un tratto lo chiamino « padrone, tiranno », lui che ha conosciuto i suoi dipendenti bambini e li ha assunti perché il padre o la madre lavoravano già lì.

Da sempre aiuta la sua gente, come i suoi genitori hanno fatto prima di lui. È attento alla società, alla politica, ammira Giorgio La Pira, uomo del dialogo e della pace. Per lui sono anni di profonda amarezza e solitudine. Si sente vicino alle proteste che agitano le piazze, e allo stesso tempo si ritrova bersaglio di chi manifesta. Le sue riflessioni diventano una lunga lettera indirizzata alla figlia maggiore, la sua Robertina, ma mentre scrive sa che sta rivolgendosi a se stesso.

Quel periodo turbolento ha un finale disastroso. Nel 1975 un incendio brucia l'azienda. Non si salva nulla, nemmeno l'archivio storico con migliaia di disegni, i modelli da collezione conservati con affetto da decenni, che avrebbero contribuito a lasciare una memoria storica.

Adesso Alfonso sa di poter sopravvivere a tutto, è la sua eredità e la lascia ai figli. Quando scoppia l'incendio Giuseppe ha solo sette anni ma non dimenticherà mai la lunga corsa con le sorelle per arrivare presto al laboratorio e dare aiuto. In pochi mesi è tutto come prima, la sirena riprende a scandire il ritmo della fabbrica echeggiando nelle case dei signesi.

Intanto, i tre nipoti di Ada e Silvano, oltre ad assistere alle peripezie dell'azienda, imparano fin da bambini il mestiere. Nonna Ada chiede alla prima nipote di accompagnarla nei viaggi d'Oltralpe: « La

Ville Lumière è una città da incontrare subito, per poterla conoscere meglio nel corso del tempo».

Roberta ha dieci anni quando vede per la prima volta Saint Germain des Prés, il quartiere in cui oggi, insieme ai fratelli, ha aperto un negozio per le loro creazioni. La bambina resta incantata dai discorsi delle modiste, dalla magia che avvolge la costruzione di ogni copricapo. Immagina di intrecciare nastri al feltro, fiori di seta alla paglia, una fantasia che diventa realtà. È lei l'attuale ideatrice di molte collezioni. Alfonso intesse rapporti d'amicizia con i molti clienti, sia italiani sia stranieri, che vengono ogni anno a Firenze per vedere i nuovi modelli.

Nei ricordi dei tre fratelli rimangono impressi i pomeriggi trascorsi, quand'erano ancora bambini, al Grand Hôtel Excelsior o a cena sui colli, ad ascoltare quelle lingue sconosciute sapendo che presto le avrebbero parlate anche loro.

Dal papà e dalla nonna imparano che gli uomini indossano il cappello per praticità, le donne perché se ne innamorano. Scoprono che, spesso, sono i mariti, i fidanzati stessi a suggerire alle loro compagne quale modello scegliere. E forse è questa la ragione per cui, da quasi vent'anni, una sofisticata donna inglese ordina diciotto cappelli a falda larga per l'estate, stesso modello, cambia solo il colore.

Con un simile bagaglio di esperienze e ricordi, Roberta, Silvana e Giuseppe sono preparati anche per affrontare le difficoltà create dalla guerra del

Golfo e l'esigente mondo della moda che li attende a Milano.

La crisi è superata, si ricomincia a creare collezioni, ai cappelli da uomo e donna si aggiungono quelli per bambini. Ogni anno arrivano nuovi clienti da Paesi sempre più lontani: Cina, Nuova Zelanda, Emirati Arabi, Sud Africa, Australia, Giappone. Dagli Stati Uniti tornano ad affluire gli ordini, come da molti Paesi europei.

Silvana è la prima ad accorgersi che i cappelli Grevi stanno scalando anche l'Olimpo delle celebrità. Sfogliando una rivista femminile nota il volto sorridente di Lady Diana che indossa un loro modello. Altre creazioni, altre teste, dal Principato di Monaco a Hollywood: Jane Fonda ne vuole uno per il film *Georgia Rule*.

Anche molti uomini famosi dopo aver conosciuto il marchio Grevi non vogliono più farne a meno, da Brad Pitt a Sergio Castellitto, da Miloš Forman a Franco Zeffirelli. Sono progettati nel laboratorio di Signa anche i cappelli indossati da Cher, Judi Dench, Maggie Smith, nel film *Un tè con Mussolini*. Con un loro capo estivo Checco Zalone gira *Cado dalle nubi*.

I fratelli Grevi sono orgogliosi dei loro clienti celebri, ma non li sbandierano ai quattro venti. Lasciano all'osservatore il gusto di curiosare sulle celebri teste e riconoscerne la griffe.

Con la crisi finanziaria del 2008 si accorgono che

molti clienti ordinano meno capi, ma nessuno rinuncia al loro marchio. È un segnale incoraggiante: il successo prima o poi riprenderà.

In attesa della ripresa, la fabbrica continua a lavorare con lo stesso rigore e la stessa precisione come quarant'anni fa. Uno dei suoi segreti è il legame tra l'azienda e i suoi lavoratori. La dolorosa spaccatura del Sessantotto è ormai rimarginata.

Nei registri di oggi si ritrovano gli stessi cognomi dei dipendenti di allora. Alcuni, come i titolari, sono alla quinta generazione. Ventuno dipendenti lavorano all'interno dell'azienda, altre quaranta, tutte donne, a casa coi ferri e l'uncinetto. Tutti si danno del tu, «padroni e operaie», difficile non farlo quando si è giocato insieme nel cortile dell'azienda.

La fiducia reciproca è rinsaldata da un motto che li lega, un atto di fedeltà a Signa, alla Toscana dove tutto è cominciato: «mai via da qui». Giuseppe Grevi è convinto che gli operai italiani siano insostituibili, hanno estro creativo, idee. Sanno lavorare.

E poi i fratelli Grevi sono gelosi dei tanti segreti che hanno appreso dalla nonna e dal padre, dei trucchi per creare un cappello capace di ingentilire e valorizzare le diverse caratteristiche del volto. Non vogliono rivelarli all'estero, a persone che potrebbero realizzare un prodotto simile, con materiali scadenti per venderlo a meno. Non se la sentono nemmeno di rinunciare ai fornitori italiani, alle tintorie locali, al tulle leggero per le velette, ai morbidi velluti, dettagli che rendono i loro capi unici e preziosi.

Non hanno mai pensato di andarsene, nemmeno quando hanno visto crescere bolletta dopo bolletta la luce, l'acqua e il gas. Oppure quando si sono scontrati con i tempi infiniti della burocrazia o con la forza dei sindacati. Resistono guardando Santa Maria Novella e piazza della Signoria: « Se proprio si deve sopravvivere meglio farlo con chi si ama, in un luogo che ci piace ». Alfonso Grevi lo sapeva già.

FISARMONICHE PIGINI

Castelfidardo, Ancona

A Castelfidardo ogni strada, ogni piazza racchiude un frammento di storia della musica. O almeno, di storia dello strumento polifonico a cui questa cittadina in provincia di Ancona, tappa obbligata per chiunque visiti Loreto, ha dato i natali: la fisarmonica.

La leggenda racconta che un pellegrino austriaco, in viaggio verso il santuario della Santa Casa, chiese ospitalità alla famiglia Soprani. Con sé aveva solo una bisaccia e uno strumento musicale sconosciuto con cui allietò la serata. Ripartì la mattina all'alba e per ringraziare dell'accoglienza lasciò in dono la sua fisarmonica. In realtà si trattava solo di un prototipo, ma Paolo Soprani venne immediatamente sedotto dal suono e dal funzionamento della meccanica di quel congegno ancora primitivo. Lo smontò e rimontò infinite volte, fino a carpirne tutti i segreti, e nel 1864 aprì la prima industria di fisarmoniche al mondo. Alcuni musicologi sostengono che l'invenzione risale al 1829 e va attribuita al viennese Cyrill Demian ma studi recenti compiuti dal maestro Corrado Rojac collocano la nascita del nobile strumento a Mantova, nel 1824, da un'idea di Giuseppe Greggiati.

Su un dato sono tutti unanimi: a Castelfidardo la fisarmonica da prodotto singolo e amatoriale si trasforma in una creazione seriale e internazionale. Nelle Marche, che nel XIX secolo erano zone di mezzadria, le industrie della fisarmonica sono le prime ad avere una gestione aziendale e commerciale. All'inizio del Novecento ce ne sono già una dozzina e fino al 1955 circa la cittadina diventa il cuore dell'imprenditoria marchigiana.

Lo strumento accompagna la grande emigrazione avvenuta agli inizi del Novecento. Molti ne portano uno con sé per alleviare la malinconia e, previdenti, un altro in valigia con la speranza di venderlo. Il mercato è subito recettivo e America, Sud Africa, Argentina, Australia, Nuova Zelanda iniziano a importare. Il giro d'affari è gestito da marchigiani. Per la fisarmonica italiana inizia la grande avventura.

Tra le imprese che continuano a tenere alta la tradizione di Castelfidardo c'è la storica Pigini Fisarmoniche S.r.l., gestita da Francesca e Massimo Pigini. Lui, in azienda dal 1977, è responsabile della produzione e del personale, lei, la sorella più giovane e fisarmonicista mancata, si occupa della parte commerciale e della comunicazione.

L'appartamento in cui viveva la famiglia Pigini era sopra la fabbrica, la camera da letto di Massimo si trovava sopra la falegnameria. «Mi sono svegliato per anni con il suono di Toupie, il macchinario assordante utilizzato per profilare il legno.» Gli è bastato scendere una rampa di scale ed è stato assunto da papà con la qualifica di operaio. «Conosco ogni dettaglio della produzione, ancora oggi trascorro il trenta per cento del mio tempo in laboratorio. La fisarmonica è uno strumento complesso, per capirla devi iniziare dai meccanismi interni.» Il padre gli ha insegnato a investire sui giovani, agli assunti ex-novo si aggiunge un ricambio generazionale tra gli stessi dipendenti, figli che abbracciano la professione dei genitori. «Sono tutti uniti dalla stessa passione: fare bene il proprio lavoro. Non ci sono scuole, apprendono da chi ha già esperienza.» Fare fisarmoniche non è un lavoro ripetitivo, ogni passaggio conduce a quello successivo. Sempre diverso.

Francesca è alle elementari quando decide di imparare a suonare la fisarmonica. Edgardo Mugnoz, il suo insegnante, è un eccellente fisarmonicista, vive a Loreto, dove lavora come scultore e illustratore di immagini sacre. Per i suoi piccoli allievi fonda la Fisorchestra Primavera. «Andavamo alle sagre di paese proponendo la marcia trionfale dell'*Aida* di Verdi o l'ouverture dalla *Carmen* di Bizet. Il pubblico non era abituato a sentire la fisarmonica dar voce e respiro alla musica colta e ci invitava a suonare *Marina Marina* o *Campagnola bella.*» Non volevano solo ascoltare ma ballare. «Sulle rive dell'Adriatico, la fisarmonica aveva un posto d'onore nell'Orchestra di Raoul Casadei o di Castellina-Pasi. Ovvero valzer, mazurke, polka. Proporre un'altra musica significava non essere à la page.»

Il legame dei fratelli Pigini con il territorio marchigiano è talmente forte che non solo non lascerebbero Castelfidardo ma nemmeno via Karl Marx, sede dell'azienda di famiglia. Spiegano che anni fa un trasferimento l'hanno dovuto fare, ma solo di cinquanta metri e per ampliare lo stabilimento. Figli di Gino, fondatore nel 1946 dell'omonimo marchio, sono cresciuti fra tastiere e musicisti: «Siamo nati dentro un mantice e lì siamo rimasti».

Il desiderio di fondare un'azienda Gino Pigini lo coltiva fin dalla prima adolescenza. A dodici anni è già apprendista in un laboratorio da un mastro di Sirolo, che gli insegna a creare le voci, la sezione sonora, l'anima della fisarmonica. Una manualità agile e precisa, un orecchio raffinato, in pochi anni il ragazzo diventa il «vociarolo» più richiesto di Castelfidardo. Nemmeno la Seconda guerra mondiale cancella i suoi sogni. Così con i fratelli Adriano, Luigi e Marino e la supervisione del padre Filippo crea la ditta Fratelli Pigini, che debutta il 6 giugno 1946. Al suo fianco c'è anche Albertina Cammilletti, la fidanzata che l'ha aspettato, la moglie con cui condividere ogni momento della vita.

In laboratorio all'inizio non c'è energia elettrica. Filippo allora suggerisce di utilizzare la caldaia di una vecchia locomotiva a vapore, a cui vengono attaccati tutti i macchinari dell'azienda. Ogni settimana l'azienda consuma più legno di quanto la falegnameria del paese riesca a tagliare.

Sui registri degli esordi si trovano annotate le prime esportazioni, avvenute fra il 1946 e 1949, destinazione Stati Uniti, Canada, Svezia, Danimarca, Argentina, Egitto, Pakistan. Una propensione verso i mercati esteri che non è cambiata nel corso dei decenni: ancora oggi, il novantotto per cento della produzione Pigini va all'estero.

L'azienda all'epoca produce mille strumenti l'anno, attualmente ne realizza duemila, ma la complessità del prodotto attuale non è paragonabile a quella dei primi esemplari. Settanta anni fa Pigini Fisarmoniche proponeva solo quattro modelli standardizzati, oggi sono centottanta. È un'industria che crea strumenti personalizzati per ogni musicista. «Siamo più artigiani oggi di allora», commenta Massimo. «I materiali non sono cambiati, la tecnica e la musica sì, noi abbiamo creato gli strumenti adatti per eseguirla.»

Per Massimo e Francesca fare fisarmoniche significa condurre ogni musicista in un universo di timbri e note. Il bambino può accostarsi al piacere di suonare la fisarmonica con *Peter Pan*, uno strumento prodotto dal 1992, che permette alle prime esecuzioni un'ampia gamma di suoni.

«La fisarmonica è uno strumento che si abbraccia, che respira, è una parte di noi. Per questo piace ai più piccoli», dice Francesca che, per i suoi trascorsi infantili, ha un'attenzione particolare per questo segmento della produzione. «Ci sono bimbi che iniziano a due, tre anni: per loro abbiamo dovuto creare *Simba*, un modello leggerissimo e maneggevole.»

Quando illustrano *Super Bayan Sirius* i fratelli Pigini si illuminano, è il loro figlio prediletto. «È il nostro pianoforte a coda, il nostro Fazioli.» Ha grandi potenzialità sonore, compagno di molti concertisti, adatto a chi suona con l'orchestra è utilizzato in tutti i conservatori del mondo.

Per arrivare all'eccellenza l'azienda ha dovuto compiere un lungo percorso, ma, secondo il racconto dei figli, a dispetto della crescita, Gino custodiva in fondo al cuore la nostalgia per i primi anni di attività. Il lavoro dalle cinque del mattino alle otto di sera, la domenica in moto a Loreto per ascoltare la messa, colazione al bar con gli amici e poi qualche ora in laboratorio, in attesa del pranzo. Con lui ci sono Nello, Marino, Adriano, amici e collaboratori. Sono anni magici, in cui Pigini fatica a tenere il ritmo delle ordinazioni. Ogni pezzo prodotto è già venduto.

Per creare uno stile inconfondibile bisogna procurarsi un disegnatore industriale, qualcuno che abbia gusto e conosca lo strumento. Gino resta in famiglia e si rivolge a padre Stefano Pigini, agostiniano, poeta, pittore, scultore, autore di alcuni saggi. Si incontrano a Cartoceto, nel convento del santuario della Madonna del Soccorso, dove il sacerdote vive. I due si capiscono al volo e padre Stefano riceve l'incarico di curare l'estetica dei primi modelli. Grazie al suo contributo, lo strumento non è solo funzionale e preciso, ma è anche elegante e più leggero. Viene introdotto un nuovo materiale, la celluloide, per colorare e plasmare.

Sono gli anni Cinquanta, in Italia Gorni Kramer delizia con la sua fisarmonica il pubblico televisivo, mentre negli Stati Uniti fioriscono gli Studios, un sistema didattico musicale che anticipa di decenni quello attuato per il pianoforte dall'industria giapponese Yamaha. La filosofia è spiccia: se compri lo strumento noi ti insegniamo a suonarlo facilmente. Si tratta del luogo ideale per chi vuole imparare a suonare lo strumento, ma anche per chi vuole venderlo, con classi da mille, duemila studenti, in cui ognuno acquista una fisarmonica a pianoforte. Non sono solo gli Studios a decretare il successo della produzione marchigiana negli Stati Uniti. La figura del fisarmonicista è sempre più presente nei quartetti che animano i locali, da New York a Los Angeles. Nel jazz ha il volto e le mani di Art Van Damme, star della nuova musica. In quegli anni la maggior parte delle aziende di fisarmoniche di Castelfidardo lavora solo per l'America, tanto che ancora oggi una strada della cittadina viene chiamata « Via dei dollari ». Nessuno ricorda più il suo vero nome.

Se negli Stati Uniti il successo arriva dalla musica popolare, altrove è quella colta a sostenere le esportazioni. La fisarmonica è uno strumento polifonico al pari del pianoforte, dell'arpa, del violino e nel dopoguerra le viene finalmente riconosciuto il giusto ruolo. Nei Paesi del Nord Europa, in Francia, Olanda, Russia le si aprono le porte dei conservatori, è un punto di riferimento per i giovani compositori.

Solo in Italia la fisarmonica continua a essere lo strumento del popolo, come l'organetto diatonico, della stessa famiglia ma con altre prestazioni, utilizzato per la musica popolare come la pizzica e la tarantella. Ma la Pigini è pronta a soddisfare anche le esigenze del pubblico internazionale più colto. Nel 1961 arriva a Castelfidardo da Helsinki Lasse Pihlajamaa, attore, mimo e fisarmonicista finlandese. Nonostante Gino non parli inglese, né tantomeno finlandese, l'intesa tra i due è perfetta. Si sa, la musica è un linguaggio universale e la fisarmonica lo è ancora di più, e soprattutto l'artista ha idee innovative, sia nella tecnica sia nell'estetica.

Insieme progettano una serie di strumenti « a bassi sciolti », per cui la fabbrica apre un reparto apposito. Lo strumento dà le basi alla fisarmonica classica contemporanea. Lasse e Gino studiano, creano e si divertono. Insieme costruiscono scarponi con il mantice, sgabelli che suonano, il violin-fisarmonica. Non vengono proposti agli altri clienti ma negli spettacoli dell'eclettico personaggio divertono il pubblico.

La fama delle fisarmoniche Pigini risuona in tutto il mondo, alla fabbrica arrivano artisti, studenti e committenze dalle Americhe, dall'Asia e dall'Europa orientale. La scelta di essersi concentrati nella creazione di una fisarmonica per la musica classica e per la didattica è una delle intuizioni lungimiranti del fondatore.

La musica però sta di nuovo cambiando. È il 1969: a Woodstock, una zona rurale nello Stato di New York, viene organizzato un festival musicale. Tre giorni di « pace, amore e musica ». In nome della libertà si esibiscono grandi artisti del rock, del folk e del country, fra cui Janis Joplin, The Who, Crosby, Still, Nash and Young, Joan Baez. Il documentario girato da Michael Wadleigh, che vince il premio Oscar, e il doppio album in vinile con le registrazioni di brani celeberrimi trasformano l'evento in un fenomeno universale. Jimi Hendrix chiude la manifestazione. Le note della sua chitarra elettrica attraversano gli oceani e raggiungono anche Castelfidardo.

Il mercato delle fisarmoniche resiste, a fatica, alle nuove mode, le giovani generazioni acquistano chitarre acustiche e pianole elettriche. Queste ultime sono semplicemente una variazione della fisarmonica, anch'esse hanno una tastiera, bottoni e registri, ma si reggono su quattro gambe e fanno più tendenza. Nelle Marche si sviluppano le aziende di strumenti musicali come la Bontempi, la Eko, fondata da un altro Pigini, Oliviero, che lascia le fisarmoniche per le chitarre elettriche ed è oggi uno dei più grandi distributori di strumenti musicali in Europa.

Alla Pigini, la crisi non ferma la ricerca. Con la collaborazione di Mogens Ellegaard, musicista e docente di fisarmonica a Copenaghen, nasce uno strumento leggero, perfetto per i bambini: trentanove centimetri, quarantadue note a destra e altrettante a sinistra nel convertitore. Il suono è robusto e offre un'interessante espressività tonale. *Convertor 42* è messo in vendita nel 1976 e prodotto, a grande richiesta, ancora oggi.

Nonostante le innovazioni, le difficoltà del settore proseguono sino alla fine degli anni Settanta. Ma gli imprenditori di Castelfidardo non hanno intenzione di arrendersi. Nel 1980 una rappresentanza del comune si reca a Roma, al ministero dell'Istruzione, per chiedere l'istituzione di una cattedra di fisarmonica al Conservatorio Gioacchino Rossini di Pesaro e l'ottiene. Otto anni dopo anche il Conservatorio Giuseppe Verdi di Milano ha il suo docente fisarmonicista. Attualmente nel nostro Paese ci sono trentacinque cattedre di fisarmonica con una media di dieci, dodici iscritti in ogni classe.

Sempre nel 1980, alcuni musicisti, di rientro dalla Francia, regalano a Massimo e Francesca i primi album di Astor Piazzolla. Il compositore di Buenos Aires scrive e interpreta la sua musica con il bandoneon, uno strumento argentino imparentato con la fisarmonica. È un fuoriclasse, ma inizialmente viene considerato « troppo d'avanguardia », in pochi hanno il coraggio di cimentarsi con le sue composizioni. Non sono assimilabili al gusto dell'epoca, né folk, né tango. Con gli anni però, grazie alla voce del suo poeta, lo strumento di Castelfidardo conosce una nuova eccezionale stagione. I brani più celebri dell'autore, fra cui *Oblivion*, *Libertango*, *Ave María*, *Milonga del ángel*, vengono eseguiti nei concerti e nei concorsi internazionali, e oggi sono nel repertorio di interpreti celeberrimi. Anche grazie a loro, il pubblico più popolare riscopre la bellezza del suono della fisarmonica.

Dal confronto con le altre scuole sparse per il mondo, nasce anche il desiderio di creare uno strumento di alta qualità che possa unire i musicisti di Paesi e storie diverse. Nel 1985 Francesca e Massimo si recano a Mosca per conoscere la fabbrica di strumenti musicali Jupiter, poi visitano i conservatori di Mosca e San Pietroburgo, dove insegnano Friedrich Lips e Viacheslav Semionov, i maggiori artisti russi del bayan, la versione locale della fisarmonica. Pigini è la prima azienda italiana che collabora con l'allora Unione Sovietica. Dall'armonia che si crea fra le « voci » prodotte in Russia, l'impostazione ergonomica studiata dal danese Mogens Ellegaard e la meccanica messa in atto dall'impresa di Castelfidardo nasce nel 1991 *Mythos*, uno strumento che diviene da subito leggendario. Prodotto in un'edizione limitata di soli trentatré esemplari, è universale anche nei materiali: cedro americano, faggio italiano, mogano e abete finlandese, seta italiana per il mantice, madreperla naturale per i bottoni, acciaio svedese per le voci fatte a mano. Il frutto di una ricerca sofisticata che porta anche alla costruzione di *Nòva*, una fisarmonica da concerto tutta italiana.

La centralità della tradizione italiana, e marchigiana in particolare, è confermata dal Premio internazionale fisarmonica Città di Castelfidardo, che dal 1975 è il punto di ritrovo di tutte le scuole mondiali di musica per fisarmonica e non solo. « È un momento di confronto fra compositori e interpreti, permette la creazione e la diffusione di un repertorio attraverso concerti, incontri, masterclass », spiega il maestro Mario Stefano Pietrodarchi, direttore artistico della manifestazione. « In Italia la fisarmonica è ancora pensata come strumento solista, viene poco utilizzata nella musica da camera contemporanea, sebbene compositori come Luciano Berio, Franco Donatoni, Salvatore Sciarrino l'abbiano inserita nei loro brani. »

Da un lato può dispiacere che uno strumento così sofisticato non sia ancora compreso appieno. Ma chi lo suona a livello internazionale, come il maestro Claudio Jacomucci, può permettersi di commentare: « È arrivato il momento che il fisarmonicista faccia la sua parte. Ci sono tanti virtuosi della fisarmonica. Adesso aspettiamo uno Chopin, un Rachmaninov della fisarmonica classica ». Oggi nella Società è entrato Federico, laureato in Marketing e Comunicazione d'azienda. È la quarta generazione. Come tutti i Pigini, conosce ogni dettaglio dello strumento. Per quanto centocinquant'anni possano sembrare tanti, la fisarmonica è ancora uno strumento giovane che può guardare con ottimismo all'avvenire.

GRUPPO TESSILE CAPRAI

Foligno, Perugia

A detta del diretto interessato, sono due i motivi principali per cui Arnaldo Caprai, Cavaliere del lavoro, non porterebbe mai all'estero la sua azienda: non parla l'inglese e ogni giovedì, per tradizione, gioca con gli amici a peppa. Ma la sua capacità di fare impresa è fuori discussione. La sua inventiva, le sue doti organizzative, la sua abilità nelle vendite sono il motore dell'omonimo gruppo tessile di cui è fondatore e presidente.

Del resto è memorabile la fermezza con cui decise di uscire dai binari seguiti fino ad allora dalla sua famiglia. Ferroviere il fratello, il cognato, il padre, lo zio, ma il giovane Arnaldo non se la sentiva di appartenere alla stessa categoria. Nazareno e Maria Dina, i genitori, gli avevano insegnato che nella vita nessun traguardo è irraggiungibile. Lui l'aveva capito in quei giorni del 1944, quando la madre, nonostante la guerra in corso, aveva deciso di aprire un asilo infantile. In poco tempo si era trovata a dover sfamare più di duecento bambini. Non rimandava mai indietro nessuno, anzi, cercava di raccogliere più provvigioni possibili.

Un modello di intraprendenza sana e concreta, che portò Arnaldo alla decisione, a ventitré anni, di lanciarsi nell'attività di venditore di corredi e biancheria per la casa.

Erano altri tempi, in quel lontano 1955, e nessuna ragazza si sposava senza portare con sé la dote: le mamme iniziavano ad acquistare lenzuola e tovaglie quando le figlie erano ancora bambine.

Lui è simpatico, sa farsi accogliere benevolmente in ogni casa e già al primo incontro intuisce i gusti della clientela. In pochi anni da venditore diventa concessionario di un'azienda del settore e ormai conosce perfettamente ogni tessuto.

Rassicurato dai successi di vendita apre, con un socio anche lui venditore ma di maglieria, il suo primo maglificio artigianale. Produce maglieria in lambswool, così di moda in quel periodo da convincerlo a fondare nel 1968 la società Maglital. Al suo fianco c'è Fiorella, la moglie, che si divide fra l'azienda e la famiglia.

È solo il primo passo, perché Arnaldo punta ad altro, a creare un'intera filiera. Con un socio di ottima esperienza tintoriale crea Ferrini, un'azienda specializzata in finissaggio e tintoria di filati e tessuti. L'anno dopo Aurelio Cariaggi lo invita a entrare nella società di filatura da lui fondata nel 1958, ancora oggi una delle maggiori nel settore. Arnaldo Caprai accetta con entusiasmo e dà un'impronta decisiva alla struttura manageriale dell'impresa.

Il suo legame con il territorio è profondo. Nel 1971, acquista e riporta all'antico splendore quarantacinque ettari di terreno a Montefalco. Nasce la Società agricola Caprai per la valorizzazione del vino Sagrantino, un progetto portato a compimento dal figlio Marco, che alla vigna affianca una cantina.

Tappa dopo tappa, il mancato ferroviere è sempre più consapevole delle proprie doti di industriale. Potrebbe fermarsi a queste attività, già abbastanza impegnative, ma il suo cuore è rimasto legato al merletto, a quella lavorazione raffinata che permette di ottenere un tessuto prezioso, leggero come un ricamo. Guarnizioni ottenute cucendo, prima a mano e poi a macchina, annodando fili di ogni sorta, dal lino, il più comunemente usato, al cotone, alla seta, all'argento e all'oro. « È il principe di ogni corredo. Impreziosisce qualsiasi capo. » In Umbria la tradizione del merletto di Orvieto, lavorato all'uncinetto con un filo di cotone sottile, è in ogni casa. I disegni ornamentali sono ispirati ai bassorilievi del duomo della cittadina umbra: foglie d'acanto e di edera, viti e grappoli, fiori, animali e cavalieri.

Verso la fine degli anni Settanta l'intraprendente presidente dà vita all'Arnaldo Caprai gruppo tessile, specializzato in biancheria d'arredo. « Chi mi riforniva aveva un'idea di produzione completamente diversa dalla mia. Mi sono sentito in dovere di creare nuove collezioni, o almeno di provarci. »

La sua esperienza, prima come venditore e poi

come produttore di maglieria, gli ha insegnato che solo seguendo l'intero processo produttivo si può puntare a una qualità senza pari. Ancora una volta crea una filiera che va dal trattamento delle materie prime fino alla distribuzione, per curare ogni minimo dettaglio della merce, rendendola il più possibile personalizzata.

Aumentano le richieste, tante da costringerlo ad aprire, nel 1984, un nuovo stabilimento a Termoli. Intanto Arnaldo, forte di anni trascorsi lavorando porta a porta, forma venditrici che ancora oggi si recano nelle case, prendono le misure e, studiando l'arredamento, creano disegni, progettano tovaglie, tende, copriletto con le stesse grafiche del vasellame o degli intarsi dei mobili.

Con esperti storici del galateo, organizza corsi sull'arte di ricevere, perché la grazia dell'ospitalità può essere reinterpretata nella vita di ogni giorno. Come non rimanere affascinati dal rituale di una bella tavola apparecchiata o dalla preparazione di un letto?

Sono tanti i materiali che l'azienda utilizza per le tovaglie e le lenzuola, dal lino alla seta e dalla seta al cashmere. Ma il merletto resta il tratto distintivo dell'impresa fondata da Arnaldo Caprai. Una passione personale che va oltre il lavoro, tanto che Arnaldo è proprietario della più grande collezione privata di arti tessili esistente al mondo.

La prima folgorazione avviene durante un viaggio con amici a Bruxelles. Passeggiando fra i negozi di antiquariato della Grand Place, l'imprenditore nota un fazzoletto in batista bianca datato 1850-1900. Il merletto è in lino, lavorato ad ago a *point de gaze*. Raffigura foglie, rami, nastri ondulati e medaglioni ai lati; il centro è sagomato come nei dettami della moda di fine Ottocento. Arnaldo segue il suo impulso e l'acquista. Due ore dopo ritorna sul luogo della seduzione e ne sceglie un altro, con differenti ricami. È l'inizio di una collezione che oggi comprende più di ventiquattromila pezzi di ogni epoca, tra cui, oltre ai tessuti, anche i curiosi strumenti utilizzati per realizzarli e stampe e dipinti di svariati periodi storici in cui pizzi, trine e merletti sono al centro della scena. Una testimonianza fedele dell'importanza di materiali che, dal Quattrocento in poi, hanno segnato la storia dell'arte e del costume. Oggi una selezione di questi reperti è esposta in azienda, mentre il grande archivio è diventato un museo virtuale, che riceve circa tremila clic al giorno.

Con i materiali provenienti dalla raccolta del cavaliere del lavoro Arnaldo Caprai sono state realizzate mostre con migliaia di visitatori, sia in Italia sia all'estero. Il collezionista ricorda lo sguardo stupito dei giapponesi accorsi ad Aichi per l'allestimento di *I secoli d'oro del merletto*, in occasione dell'Esposizione universale del 2005. La stessa meraviglia l'aveva riscontrata alle presentazioni di Bruges, Milano, San Pietroburgo.

Nel 2011, alcuni pezzi del museo del merletto

vengono richiesti dal Quirinale per la mostra sui centocinquant'anni dell'Unità d'Italia. Una festa per l'intero Paese. Arnaldo vuol partecipare all'evento con qualcosa in più. Si consulta con Luca, il secondogenito, fondatore nel 1992 del marchio Cruciani, specializzato in maglieria di lusso e cachemire pregiato.

Guardando insieme gli antichi ricami decidono di realizzare dei braccialetti in macramè, in cui i fili sono intrecciati con piccoli nodi, una lavorazione del merletto tipica dell'Italia centrale. Come soggetto scelgono il quadrifoglio, di buon auspicio per tutti, e nella composizione ne alternano uno verde, uno bianco e uno rosso. Luca perfeziona l'articolo, lo rende più portabile. Alla fine ogni braccialetto è composto da sette quadrifogli.

Pensa di farne un piccolo business per l'estate, di metterli in vendita solo nel negozio di Forte dei Marmi, ma si accorge subito che il successo è superiore alle attese. Passeggiando un giorno sulla spiaggia nota che quasi tutte le ragazze ce l'hanno al polso.

La sorpresa arriva dopo quattro settimane. Le commesse avvisano la direzione che davanti allo store c'è una coda costante di trenta, quaranta persone. Basta un breve passaparola e il braccialetto diventa un'icona, il simbolo di un'eleganza divertita, di un lusso che tutti si possono permettere e che anche i più facoltosi si divertono a ostentare. Lo indossano le bambine, per cui vengono create espressamente nuove collezioni, le sorelle maggiori, le mamme, le nonne. Non c'è stile o età che li escluda.

Intanto, una dopo l'altra, le boutique Cruciani aprono in tutto il mondo: Madrid, Palm Beach, New York, Dubai, Tokyo, Seul, Hong Kong, Palma di Maiorca, Capri, Roma, Verona, Venezia, Reggio Calabria, Viareggio, Marina di Pietrasanta, Assisi, Forte dei Marmi. A Milano ne viene aperta una seconda. E i braccialetti continuano a essere protagonisti. Farfalle, cuori, lucchetti: aumentano i colori e i soggetti, ognuno con un significato diverso. I quadrifogli prendono i colori delle bandiere di ciascun Paese, anche perché ormai sono più di mille i negozi sparsi per il mondo che richiedono il prodotto.

Luca è generoso e, mentre già pensa all'idea di destinare una percentuale del ricavato dei braccialetti in beneficenza, gli arriva la prima richiesta, da un'associazione spagnola per la lotta contro il cancro al seno. Sette minuscoli fiocchi rosa di filo di cotone, lavorati in macramè, compongono il braccialetto che anche in Italia finanzia la ricerca. Nel 2011, nel Giappone sconvolto dallo tsunami e dal maremoto, un braccialetto con i colori del Sol Levante, bianco e rosso, sostiene i pescatori di Fukushima. Per l'Associazione italiana contro le leucemie-linfomi e mieloma vengono ideati non solo articoli da mettere al polso, ma rose di Natale in macramè, da appendere sull'albero.

Sono numerose le cause di cui l'esile ornamento

si fa promotore, e per ognuna viene escogitato un disegno diverso. Una catena di cuori per i terremotati dell'Emilia, il logo del Miami Children's Hospital per aiutare l'ospedale infantile più grande del mondo, un minuscolo panda a sostegno del WWF. I braccialetti sono diventati uno straordinario strumento di raccolta fondi.

L'ultimogenita della famiglia, Arianna, direttore commerciale e del web marketing di Cruciani, spiega la selezione accurata che devono compiere fra le tante richieste che ogni anno arrivano a Foligno. «Per capire il legame che si crea fra le persone che indossano i braccialetti per beneficenza bisogna leggere i messaggi che si scambiano sui social network. Una piccola comunità internazionale legata da un simbolo.»

La diffusione del braccialetto ha riportato nel linguaggio femminile una parola andata in disuso, macramè, e ha riportato sotto i riflettori un'arte dimenticata. Oggi il disegno del merletto viene ideato dagli artisti che lavorano in azienda, spesso ispirati dallo sterminato archivio raccolto da Arnaldo Caprai. Lo stesso bozzetto viene ingrandito, scannerizzato al computer, poi passa alla macchina, infine ogni capo è rifinito a mano. Le stole sono prevalentemente richieste dal Giappone; l'arredo sta iniziando a riscuotere successo nei Paesi arabi e in Russia. «Nel mondo ci sono infiniti spazi di potenziale richiesta, basta cercarli. Questo è impresa.»

MARINELLA CRAVATTE
Napoli

Se Marinella non va alla montagna, la montagna va a Marinella. Sono solo venti metri quadrati, un piccolo ma ricercatissimo presidio. Chi vuole la cravatta più famosa del mondo deve necessariamente venire qui. Non c'è uomo elegante che non sia già entrato e chi non c'è ancora riuscito spera di farlo al più presto, per concedersi cravatte, foulard, sciarpe realizzati a mano, secondo una tradizione made in Naples che all'estero evoca l'antica scuola sartoriale partenopea.

Maurizio Marinella, nato a Napoli nel 1955, terza generazione di imprenditori, continua a lavorare come faceva suo nonno Eugenio, che fondò il marchio nel 1914. Come lui si accerta che ogni cucitura sia invisibile, crea ogni fantasia e studia in prima persona l'abbinamento dei colori. Dal padre Luigi ha ereditato due tradizioni che ancora oggi mantiene: aprire il negozio alle sei e trenta del mattino e offrire caffè e sfogliatelle calde agli amici, ai clienti, a chi passa in negozio prima di iniziare la giornata. Per due ore, in quello spazio, si affaccia una parte di Napoli. Si possono incontrare il maresciallo dei carabinieri e il farmacista, l'impiegato, il notaio e chi va al mercato dei fiori. Dopo le otto tutto rientra nella normalità: i papà accompagnano i figli a scuola prima di recarsi al lavoro, le auto vengono parcheggiate in terza fila, il suono dei clacson copre quello del mare della Riviera di Chiaia su cui si affaccia la bottega. Ma anche per il resto della giornata, da Marinella continuano a esistere due tipi di scambi: quello più intimo, fatto di opinioni e chiacchiere, e quello legato al commercio vero e proprio. Così aveva già pensato il fondatore e nessuno ha mai voluto cambiare.

Quando dà inizio all'impresa, Eugenio ha trentaquattro anni, di cui quindici trascorsi nel settore dell'abbigliamento maschile. Con alcuni soci ha già aperto due negozi, uno a Roma e l'altro nel capoluogo campano. Ma dentro di sé coltiva un sogno, aprire un posto tutto suo, « un angoletto di Inghilterra a Napoli ». Il XX secolo aveva ormai imposto nuove regole per l'abbigliamento: una donna se voleva essere alla moda vestiva « alla francese », mentre l'uomo « all'inglese ». Nel rispetto di questi dettami, la boutique Marinella nasce dopo un viaggio a Londra, dove Eugenio sceglie con cura i prodotti da importare: i profumi Floris, gli impermeabili Aquascutum, le scarpe Dawson, cappelli Lock, ombrelli Brigg.

Per dare un tocco esclusivo, affianca al negozio due laboratori di sartoria, uno per le camicie su misura, l'altro per confezionare solo cravatte. Sono anni in cui l'etichetta impone diversi cambi d'abito nel corso di una stessa giornata: la mattina ci si veste di chiaro, il pomeriggio di scuro e la sera a seconda dell'occasione. Ogni uomo ricercato tiene pronto nell'armadio il frac, lo smoking e il tight. Le camicie vengono concepite con polsini e colli di ricambio e il corredo è d'obbligo sia per le future mogli sia per i loro mariti. L'azienda si specializza in quello maschile: dodici camicie bianche, dodici azzurre, le mutande fatte dello stesso tessuto e le camicie con colli, petti, polsini inamidati.

Fra i clienti celeberrimi dei primi decenni ci sono Gabriele D'Annunzio e la famiglia Savoia. Un successo senza pari che dura fino alla vigilia della Seconda guerra mondiale, quando lo Stato obbliga i negozianti a vendere solo prodotti integralmente italiani. Il categorico diktat delle autorità impedisce a Eugenio di usare persino i tessuti d'importazione. Per più di due anni si ritrova con gli scaffali vuoti, riesce a tenere aperto il negozio tirando avanti con piccole riparazioni e con l'incrollabile certezza che la fortuna prima o poi ricomparirà.

E così avviene. All'inizio degli anni Cinquanta i laboratori di camicie fioriscono ovunque, mentre quelli che confezionano cravatte entrano in crisi. Eugenio e suo figlio Luigi decidono di andare controcorrente e investire tutte le loro energie nella sola produzione di cravatte. È di nuovo un grande successo. Come dice Luigi: « È l'accessorio a fare la moda. Uno può avere un solo abito grigio ma cambiando camicia e cravatta può farlo sembrare un capo nuovo ». I clienti famosi non tardano ad arrivare e diventano i loro più fedeli testimonial. Luchino Visconti passa spesso dal negozio diretto alla sua villa di Ischia. Anche Marcello Mastroianni, Vittorio De Sica, il duca di Windsor, Rockefeller, i Kennedy e Onassis fanno della tappa da Marinella una consuetudine.

Totò vi acquista anche i papillon. È sempre il padre, Luigi, a raccontare al figlio: « Come il principe de Curtis porta lo smoking, non lo porta nessuno. Ha un'eleganza che lo rende inconfondibile, eppure, come diciamo a Napoli è scartellato, curvo ». Austero e raffinato Eduardo De Filippo, oltre le cravatte, acquista maglie intime inglesi di lana pesante da indossare sotto la giacca quando è in scena.

Quando però nel 1968 don Eugenio scompare, l'azienda attraversa un nuovo periodo di crisi. Luigi si rivolge al figlio, allora tredicenne, e gli dice: « Il primo piatto lo mangeremo sempre, ma qualche volta salteremo il secondo ». Maurizio risponde prontamente che a lui piace solo la pasta.

Negli anni Settanta i consumi crollano ulteriormente e Luigi Marinella decide di mettere in vendita le prime cravatte prêt à porter. Al 1975 risale un'altra novità pensata per uscire dalla crisi: Maurizio va a proporre in un grand hotel di Milano i tessuti per le cravatte che poi verranno confezionate per i nuovi clienti. È la prima volta fuori Napoli.

Nate dalle difficoltà del momento, queste prime presentazioni diventano nel corso del tempo un appuntamento per chi ama lo stile Marinella. Ogni mese titolare e collaboratori incontrano i loro clienti in una città italiana. Per il resto Marinella non fa pubblicità. Non acquista pagine di giornali e riviste, e punta esclusivamente su un passaparola che varca le frontiere. Ma grazie all'entusiasmo dei suoi stessi clienti il marchio Marinella riesce ancora una volta a risollevarsi, tanto che la notorietà delle cravatte e dei foulard Marinella ha oggi oltrepassato ogni aspettativa del proprietario, che nel frattempo ha aperto due boutique a Milano, e altre a Lugano, Londra e Tokyo.

La svolta decisiva avviene durante la seconda metà degli anni Ottanta, quando l'allora presidente Francesco Cossiga, che, come tutti i suoi predecessori e successori, da Luigi De Nicola a Giorgio Napolitano, indossa cravatte Marinella, decide di omaggiare ogni capo di Stato o primo ministro che incontra con un cofanetto di quattro creazioni della griffe napoletana.

Il Quirinale avvisava qualche settimana prima il laboratorio dando le misure esatte di chi le avrebbe indossate. Uno dopo l'altro tutti gli uomini politici più potenti dell'epoca diventano clienti abituali: Gorbačëv, Eltsin, Bush padre, Helmut Kohl.

Il cancelliere tedesco, in particolare, resta impresso nella memoria dell'intero staff di Marinella. Sembra un gigante, per lui le lavoranti confezionano cravatte più lunghe di sessantacinque centimetri. Non era mai accaduto prima di allora.

Poi arriva il 1994, e tutto il mondo guarda a Napoli, dove a luglio si tiene lo storico G7. Il presidente Carlo Azeglio Ciampi incarica Maurizio Marinella di realizzare la cravatta da donare ai rappresentanti di tutte le delegazioni straniere, e nei giorni successivi ogni partecipante ripassa dal negozio per acquistarne altre.

Ci sarà sempre una buona occasione per sfoggiare un capo Marinella, e anche Bill Clinton lo sa. Ogni mattina, prima degli incontri con gli altri potenti della terra, va a correre sul lungomare accompagnato dalla scorta. Puntuale come un orologio si ferma alla bottega, una volta sceglie dei fazzoletti da taschino, un'altra ancora alcune cravatte, il 9 luglio 1994 vuole un papillon per lo smoking. La sera stessa lo sfoggia alla cena di gala di Caserta sotto i riflettori di tutto il mondo.

Negli anni successivi, è Silvio Berlusconi a legare il nome Marinella a molti degli eventi della politica. Durante la sua permanenza a Palazzo Chigi, arriva a ordinare anche quattrocento cravatte o foulard al mese da regalare come emblema della qualità italiana.

Negli ultimi anni, l'ascesa dell'azienda diventa un fenomeno di studio per alcune università italiane e straniere. Maurizio Marinella sale volentieri in cattedra per rappresentare con orgoglio la propria azienda, ma non parla di strategie di marketing.

Comincia invece la sua storia raccontando di quando il nonno e il papà, una domenica dopo pranzo, lo presero da parte per dirgli: «Adesso sei grande e da domani dopo la scuola ci raggiungi in negozio, così inizi a respirare l'aria della bottega».

Pur lavorando ogni giorno in negozio Maurizio si è laureato in Economia e commercio. «Ci ho messo il doppio degli anni ma ci sono riuscito.» Ma la sua formazione non è fatta solo di studio e lavoro. Ha imparato a essere tenace e forte giocando a pallanuoto in una squadra di serie A. Quando ricorda il Circolo Posillipo, dove si allenava, si appassiona ancora oggi. E a Posillipo dedica uno dei suoi profumi, nuova attività dell'impresa.

Gli studenti ascoltano stupiti l'uomo che continua a creare e vendere cravatte perfino in anni in cui questo accessorio sembra ormai tramontato. «Ne cuciamo centosessanta al giorno e ce ne chiedono novecento. Non ho la velleità di fare grandi numeri, preferisco mantenere alta la qualità continuando a divertirmi.»

Maurizio Marinella suscita meraviglia in chiunque lo incontra, non solo negli studenti, anche perché se fare impresa in Italia è difficile, a Napoli «è ai confini della realtà», come afferma lui stesso.

D'altra parte non se ne potrebbe mai andare,

perché dal nonno e dal padre non ha ereditato solo il marchio, ma anche l'appartenenza alla città, alla sua musica, ai colori. «Ho bisogno di guardare il Golfo... senza il mare, questo mare, non avrei creato certi verdi, azzurri, blu.» È un legame inscindibile con Napoli, che viene percepito anche dai clienti. Sotto il Vesuvio, ma non solo, il marchio Marinella significa appartenere a un mondo. «Ho ricevuto la loro prima cravatta in regalo a quattordici anni e ho capito che stavo crescendo», racconta Fabio, avvocato napoletano, affezionato cliente del negozio pur vivendo fra Milano e New York.

Il negozio intanto continua ad aprire ogni mattina alle sei e trenta e a chiudere alle otto di sera, orario continuato. Dieci anni fa ha inaugurato un piano rialzato incrementando gli accessori femminili. Sugli scaffali sono esposte, con nuovi disegni, le stesse stoffe per cravatte, prodotte da cento anni dalla stessa azienda inglese in esclusiva per Marinella. I napoletani, si sa, sono tradizionalisti e scaramantici.

MARMI SCANCELLA

Orosei, Nuoro

Prima di iniziare a trattare il marmo di Orosei, Anna Scancella ha imparato ad ascoltarlo. Sa che se lo si sfiora con la mano produce suoni, che ogni venatura nasconde un passato.

Marchigiana d'origine, nata e cresciuta a Roma, sarda d'adozione, con il marito Giovanni Buonfigli, i figli Marco e Luca porta avanti un'impresa composta da tre aziende, la S.I.M.G. S.r.l. (Sardo italiana marmi e graniti), la Marmi Scancella, con sede a Orosei, e la Quadrifoglio Marmi, di stanza a Verona.

Anna è figlia di Vincenzo, Cavaliere del lavoro, il primo a intuire che le montagne di Orosei nascondono qualcosa di bello e prezioso. Cresciuto nella cava di travertino di suo padre Luigi, Vincenzo ha una conoscenza approfondita della roccia calcarea. Negli anni Cinquanta progetta di avventurarsi in altri graniti e marmi, pensa addirittura di trasferirsi in Pakistan, dove si possono aprire nuovi scavi. Troppo lontano! È l'amico Canepa, avvocato cagliaritano, a trovare una soluzione: durante una vacanza in Sardegna scopre una pietra straordinaria di grandi dimensioni e gliela porta. Potrebbe essere una buona ragione per farlo desistere dal proposito di lasciare l'Italia. Vincenzo si lancia in una lunga serie di sopralluoghi sull'isola senza trovare nulla di simile, finché il suo interesse viene attratto dalle montagne di Orosei. Intuisce immediatamente il valore di quel marmo, vuole approfondire. Pioniere del settore in Sardegna, introduce per primo sull'isola l'estrazione e la lavorazione industriale lapidea.

I suoi figli crescono fra il Veneto, dove studiano, e la Sardegna, dove trascorrono le vacanze. Anna è la più determinata a intraprendere il lavoro del padre e dopo il diploma entra in azienda, impara tutto velocemente, immagina il futuro. La cava, secondo lei, non basta, bisogna dare più servizi al cliente. Propone di aprire un'impresa per la trasformazione del marmo, ma Vincenzo non l'ascolta. « È un 'cavatore' testardo », si ripete la ragazza senza rinunciare ai suoi progetti.

È così presa dai suoi sogni da non intuire la ragione per cui, ogni volta che si mette al volante, un poliziotto della stradale la fermi. Anna ha solo il foglio rosa ma guida bene, o così crede, e ogni volta che quel giovane la costringe ad accostare si chiede quale infrazione può avere commesso. Giovanni Buonfigli è il comandante della stazione di Polizia di Orosei. È nato a Castelfidardo: l'isola per lui è un luogo di passaggio e di incontri. Come quello con la bella ragazza che si diverte a fermare agli incroci. Lui le si para davanti e lei resta confusa. « Documenti, prego.» Sono gli amici comuni a combinare il resto, e così i due giovani finalmente si conoscono e si innamorano.

È una storia come tante, finché «il marmo» non rende il loro amore indissolubile. Giovanni ha ventitré anni, un posto di lavoro sicuro che gli sta dando le prime soddisfazioni, perché dovrebbe lasciarsi sconvolgere la vita? Ma la passione di Anna è contagiosa. Ha iniziato ad apprezzare la pietra fin da bambina, quando papà la portava con sé nei nuovi giacimenti. La sua unica aspirazione è estrarre il marmo e il granito e trasformarli, sa come muoversi e coordinare il lavoro dei dipendenti. Un autentico amore, che riesce a trasmettere al fidanzato proponendogli di creare «un'impresa tutta loro». Nel 1971 nasce la Sardo italiana marmi e graniti, un'azienda artigianale specializzata nella trasformazione del marmo e del granito. Quando Anna e Giovanni si sposano sono già soci nell'attività. Ancora oggi Anna ringrazia il marito «per avermi amato così tanto da condividere con me un viaggio nell'ignoto». Per lui è un lavoro strano, lontano da tutte le esperienze fatte fino ad allora: «Lei ne parlava con entusiasmo e mi sono lasciato coinvolgere. Da giovani è bello avere progetti irrealizzabili. I nostri si sono realizzati».

Eppure gli inizi non sono affatto facili. Dopo alcuni mesi dalla fondazione dell'azienda, il settore del marmo e del granito entra in crisi. Accadrà ciclicamente, oggi saprebbero capire quando è il caso di aspettare e reinvestire, ma sul momento la giovane coppia si lascia cogliere impreparata. « Non sapevo cosa fare », ricorda Giovanni. « Se tornare al lavoro di prima o rimanere per Anna. » Alla fine sceglie di tenere duro, una decisione importante, grazie alla quale, nel corso del tempo, l'ex poliziotto potrà dimostrare una capacità imprenditoriale che mai avrebbe sospettato di avere.

Superato il momento più difficile, Anna e Giovanni possono dedicarsi interamente alla loro nuova creatura. La passione per il lavoro li spinge a sperimentare personalmente le varie fasi della lavorazione, per poi insegnarle con la stessa gioia al personale. I due giovani puntano ad andare oltre la cava, a trasformare la materia e consegnare il prodotto semilavorato, comprandolo da papà Vincenzo, per il quale invece l'estrazione è tutto e il blocco di marmo o granito è la realizzazione finale.

Per più di un decennio il loro biglietto da visita è la pavimentazione. L'azienda si amplia, cominciano le prime esportazioni. Per crescere ulteriormente bisogna accettare nuove sfide, rispondere anche alle esigenze dei molti clienti che richiedono un prodotto finito. I due imprenditori preparano dunque posatori, lucidatori, per poter lavorare direttamente sul posto occupandosi anche dell'installazione. Ogni lastra di granito o marmo lavorato destinata a comporre un pavimento viene numerata prima della consegna, come se fosse il pezzo di un raffinato puzzle da ricomporre non appena giunto a destinazione.

Collaborando con architetti e designer, Anna e Giovanni studiano progetti di prestigio in cui il marmo diventa protagonista, allestimenti che riprendono sia le gradazioni cromatiche sia l'estensione delle venature e ricoprono pavimenti e pareti di disegni astratti. I due soci sono particolarmente attenti alla commercializzazione del marmo Daino di Orosei, di cui esistono solo tre tipologie definite perlato, nuvolato e venato in una gamma di tonalità calde del beige. Non se ne possono estrarre grandi quantità e quindi viene proposto come un prodotto di nicchia, in modo che possa essere preservato e al tempo stesso apprezzato.

Seguire un'impresa autonoma è un impegno gravoso per la giovane coppia di imprenditori. L'avevano capito anche i fratelli che, nel corso degli anni, erano entrati nell'attività paterna. Loro poi si rendono conto di non essere tagliati per quel mestiere. Anna e Giovanni scelgono perciò di rilevare le loro quote acquisendo in via definitiva le cave di famiglia. Ora possono seguire direttamente tutto il ciclo della pietra, dall'estrazione alla posa definitiva.

Con l'inizio degli anni Novanta il mercato è in espansione. Per capirne l'andamento e avere maggiori contatti l'azienda deve aprire un'altra sede, più facilmente accessibile per la clientela estera. La scelta cade su Verona, la città del marmo rosa e rosso, in cui dal 1965 si svolge Marmomacc, la fiera internazionale più importante al mondo per chi opera nel settore del marmo lapideo. E la provincia veneta sarà anche il luogo scelto dai figli, per seguire gli studi superiori e poi stabilirsi con le loro famiglie. Da lì si occupano delle tre aziende racchiuse nel marchio Bs Quarry Sar Group, con Bs che sta per Buonfigli Scancella, i cognomi di papà e mamma.

Il fascino del marmo ha sedotto anche loro, e d'altronde sarebbe difficile per chiunque non lasciarsi conquistare, se si è cresciuti all'ombra della cava che si staglia sul golfo di Orosei, circondati da quel materiale prezioso che, al contrario del luogo comune, trattiene e restituisce il calore ed è indistruttibile, qualità che non tutti i marmi possiedono. « Non lasciatevi ingannare dall'apparenza, le lastre e i blocchi sembrano simili ma come le persone ciascuno di loro ha un carattere tutto suo », spiega Anna. « Quando vengono collocati esprimono la propria identità, per questo si abbinano sia a un arredamento moderno sia a uno antico. »

A volte il lavoro nella cava offre scoperte inattese. Nel corso degli anni, sono stati rinvenuti stalattiti, resti di animali che in epoche antichissime abitavano la Sardegna, come la *iena ridens*, e reperti umani preistorici che ancora non hanno avuto attribuzioni certe. La famiglia Buonfigli Scancella aspetta che gli archeologi finiscano di studiare e catalogare i ritrovamenti e, per custodirli, è pronta a finanziare l'edificazione di un museo a Orosei.

In altri punti della cava accade poi che scavando le rocce emergano testimonianze di tempi ancora più remoti, resti risalenti al periodo giurassico, quando rocce e montagne erano ancora sommersi dal mare. In uno dei fronti di scavo aperti nella cava di Orosei, è apparso un marmo chiaro, all'interno del quale sono visibili fossili di mare, chiocciole, cavallucci, conchiglie di minuscole dimensioni. Una volta lavorata, questa pietra diventa un prodotto raro e viene venduta con parsimonia: « È come mettersi in casa un'opera d'arte ».

Le aziende di Orosei hanno un'area estrattiva di trecentotrentamila metri quadrati e nelle aziende di Orosei e Verona lavorano centosessanta dipendenti specializzati. In questi ultimi anni la crisi economica globale ha toccato anche la Sardegna, ma Giovanni Buonfigli sa resistere, il lavoro per lui è un'etica. Nessun dipendente è in cassa integrazione, i tempi morti vengono utilizzati per studiare tecnologie e macchinari d'avanguardia per la lavorazione del marmo. « Potremmo mantenere le cave in Sardegna e portare la lavorazione dei blocchi all'estero, dove il costo del lavoro è inferiore. Ma questa è pietra italiana e il made in Italy non può essere millantato. »

Se si chiede ad Anna e Giovanni la loro provenienza rispondono: « Sardegna ». La storia di entrambi è là, fra la cava e il golfo, da lì sono partiti per contribuire a creare progetti di grande prestigio in tutto il mondo, come l'aeroporto del Cairo, il Golf Club di Singapore, centinaia di negozi di lusso fra cui le Galeries Lafayette di Parigi, sontuose dimore private e sedi di rappresentanza di società e banche, fra cui, in Sardegna, il Credito industriale sardo progettato da Renzo Piano e il Campus Tiscali a Cagliari. Un percorso lungo e intenso, che non si ferma certo qui. «I nostri figli e i nostri nipoti sapranno guardare avanti come abbiamo fatto noi.» Ma mai oltre quel mare cristallino che lambisce il loro tesoro.

SARTORIA TAGLIATORE

Martina Franca, Taranto

Le mani d'oro sono un'eredità passata di generazione in generazione, ma il genio imprenditoriale è tutto suo. E dire che Pino Lerario, all'inizio della sua carriera, non è affatto dell'idea di lanciare un marchio proprio. Poi però, stanco di fare il fasonista, di confezionare abiti per altri marchi senza avere il controllo della distribuzione, decide di provare a crearne uno suo, con una propria rete di distribuzione.

È il 1996, e la scelta di Pino è una dimostrazione di coraggio. Ora il futuro suo e dei dipendenti del laboratorio, nati e cresciuti come lui a Martina Franca, è tutto nelle sue mani. Ma non è la prima volta che Pino corre dei rischi e ne è sempre uscito a testa alta. Conosce bene il proprio mestiere e i suoi prodotti sono da sempre apprezzati e distribuiti con successo. Nel 1989 ha creato gli abiti per il film *Batman* di Tim Burton. Bob Ringwood, il costumista, rimane colpito da giacche maschili in un negozio di Londra. Ne commissiona alcune decine, ma nessuno dei responsabili dell'azienda in cui lavora Pino gli dà retta. Quell'uomo dall'accento americano è troppo bizzarro, non può essere un professionista. Poi però, il giorno dopo, l'improbabile personaggio si ripresenta con un contratto da firmare, su una carta intestata con il marchio Warner Bros. La richiesta di realizzare i costumi per il kolossal arriva via fax al laboratorio pugliese. E a quel punto Pino si sbizzarrisce a inventare vestiti sapendo che li avrebbero indossati Michael Keaton, Jack Nicholson, Billy Dee Williams, Michael Gough. Una bella favola che nemmeno una sceneggiatura hollywoodiana avrebbe potuto immaginare. Quando si reca sul set e lo presentano alle star, per un attimo si sente mancare, tanto gli sembra di vivere un sogno.

Se in quel momento ha avuto il coraggio di impegnarsi per una proposta così singolare, perché non provare anche ora a rinnovarsi? Sente che è giunto il momento di cambiare ruolo: da fasonista deve diventare imprenditore e stilista. I prossimi capi usciranno dal laboratorio con il suo nome.

Sicuro della propria scelta, Pino inizia a inventare e confezionare di persona i singoli modelli, una modalità di lavoro che mantiene ancora oggi. È lui e solo lui a studiare ogni dettaglio, a disegnare, eseguire il prodotto, a tagliare la stoffa e a cucire il primo capo. Non vuole tecnici intorno a sé. Nella costruzione di ciascuna giacca, di ciascun soprabito, di ciascun cappotto, ogni passaggio deve essere unicamente suo.

Al momento della creazione, può mettere a frutto

una scuola antica, appresa dal padre, Francesco, sarto, che ha sempre portato con sé i figli in laboratorio per farli giocare, curiosare, imparare. Francesco non ricorda un giorno della sua vita senza ago e filo. Ha cinque anni quando inizia a lavorare in un laboratorio del paese, nel 1939. A venticinque anni si trasferisce a Milano, dove continua la sua esperienza in sartoria, poi si sposta a Siena per ricoprire il ruolo di direttore in un'importante azienda del settore. Rientrato in Puglia, viene assunto in una fabbrica di confezioni, dove svolge lo stesso incarico.

Una vita tranquilla, lavoro, famiglia, quattro bambini, senza mai pensare di mettersi in proprio, finché Pino non si ammala. In quel momento capisce che per curarsi non basta solo il suo stipendio, ha bisogno di più soldi. La diagnosi arriva il 1° giugno 1972: è broncopolmonite, oggi curabile. Il 2 agosto dello stesso anno Francesco apre un laboratorio con quindici persone. Si tratta di un locale in affitto di duecentocinquanta metri quadrati, preludio all'opificio che oggi ospita la Confezioni Lerario S.r.l. e in cui lavorano centottanta dipendenti.

Leggere i nomi della squadra che affianca Pino in azienda è come sfogliare l'album fotografico di famiglia. Ci sono tutti i suoi affetti. Vito e Luciano, i fratelli, Teresa, la sorella, Carmelo e Antonio, i cugini, gli zii e Leonardo, amico d'infanzia. «Ho bisogno di sentire attorno a me persone su cui possa contare completamente, che sentano l'azienda come fosse loro.»

Oltre alla famiglia e agli amici, anche la città, Martina Franca, e più in generale la regione in cui Pino ha scelto di continuare a lavorare hanno un ruolo fondamentale nelle sue creazioni. Molti sono convinti che la moda italiana possa nascere solo a Milano, Roma, Firenze, ma la vicenda di Pino Lerario dimostra che si può riuscire a trasformare una cultura di eleganza presente anche in provincia in qualcosa di universale. Forse a qualcuno Martina Franca può non sembrare il luogo ideale per fare impresa, ma Pino ha bisogno di vivere la città, la tranquillità delle strade, l'armonia delle piazze, la maestosità della basilica di San Martino. Il barocco leccese gli ha insegnato il tratto essenziale e deciso, quelle forme arrotondate che riprende nelle sue giacche. E ogni volta che si accinge a creare una collezione, trascorre un po' di tempo in Valle d'Itria, immerso fra i trulli, un paesaggio rasserenante che lo aiuta a mettere a fuoco le tante idee che affollano la sua mente.

Da qui, dalla sua terra, è partito quasi vent'anni fa il suo successo. Lo stilista ricorda con ironia il debutto delle prime collezioni. Le giacche riscuotono subito interesse e ordini, ma quel cognome in Italia mette a disagio, soprattutto per chi riceve la telefonata in cui una voce maschile annuncia: «Sono l'erario». Una fitta al cuore per ogni contribuente. Alcuni clienti iniziano a obiettare con delicatezza, altri con imbarazzo, altri ancora in modo più sfacciato, ma tutti uniti dalla stessa richiesta: « Non potresti mettere un altro nome all'interno dell'abito? Non è facile vendere capi che richiamano tasse e contributi ». Nessuno in azienda ci aveva pensato, ma Pino ha sotto mano la soluzione. Tagliatore era il soprannome di nonno Vito, il calzolaio del paese, che tagliava le tomaie delle scarpe mentre Teresa, sua moglie, le cuciva. Ancora oggi a Martina Franca se si chiede di Pino Lerario, regolarmente qualcuno dei più anziani martinesi risponde: « Chi? Il nipote di Vito, il Tagliatore? » L'imprenditore non ha dubbi: quel soprannome tramandato da generazioni sarà il suo nuovo marchio.

Intanto il mercato si espande: Italia, Giappone, Regno Unito, Germania, Austria, Svizzera, e mano a mano i capi Tagliatore aumentano. Ogni volta che deve studiare una nuova collezione, lo stilista si chiude in azienda per disegnare, tagliare, cucire. Ogni passaggio è prezioso per conferire alla figura maschile eleganza e autorevolezza. E la cura messa da Pino nel proprio lavoro viene presto riconosciuta. Un giorno passeggiando per Londra si ferma davanti alle vetrine di un prestigioso negozio che da anni è un punto vendita dei suoi abiti. Basta un'occhiata ai manichini per accorgersi con sorpresa che le giacche Tagliatore sono esposte alla rovescia, per mettere in mostra le rifiniture, le cuciture perfette su stoffe di altissima qualità e rigorosamente italiane, quasi tutte prodotte nel biellese. Altre città, Tokyo, Milano, Vienna, Parigi, altre vetrine e stessa situazione: dei suoi capi spalla, esclusivamente maschili, si tende a sottolineare l'incredibile maestria.

Tuttavia il successo di un marchio di abbigliamento non può basarsi solo sulla creatività e la capacità di lavorare i prodotti. « Saper controllare i costi di produzione significa ottimizzare il prodotto. Per essere competitivi nella moda oggi devi proporre una qualità alta e un prezzo intelligente. »

Nel 2007 arriva un'altra svolta. Il campionario della collezione autunno e inverno è pronto. Gaby, moglie di Michele, amico e agente per la Germania, osserva che giacche così ben rifinite farebbero felici anche molte donne, e in primo luogo le loro clienti. In magazzino sono rimasti alcuni avanzi di stoffa, scampoli di tweed, scozzesi, tinte unite. Pino inizia a lavorarci, prepara i primi capi. Per prima esce una giacca, il secondo è un doppiopetto, poi uno smoking. Taglia e cuce con entusiasmo. Con il cellulare spento, non si accorge che il tempo passa e resta in laboratorio tutta la notte. La mattina dopo nella collezione Tagliatore per uomo destinata a Monaco di Baviera vengono inserite dodici giacche femminili dal taglio perfetto. Alla donna, Pino non concede eccessi: la sua collezione è un maschile adatto al femminile. Essenziali tailleur-pantalone, così sofisticati da ricordare quelli di Yves Saint Laurent ideati negli anni Settanta. Il consenso è totale, e porta un altro tassello al mosaico che Tagliatore sta costruendo.

Intanto il marchio Tagliatore sfida la crisi, si difende dalla concorrenza straniera che ha costretto il distretto di abbigliamento di Martina Franca e di tante zone d'Italia a cancellare migliaia di posti di lavoro negli ultimi quindici anni. Nel mondo della moda si ricomincia a parlare di quell'antica tradizione manifatturiera pugliese che ha vestito generazioni di persone desiderose di avere capi che durassero, punti di riferimento per il guardaroba. Quando la rassegna Pitti uomo invita Pino Lerario a presentare la collezione autunno-inverno 2014-2015, lo stilista si sente come un ragazzino premiato per aver portato a casa in anni e anni solo pagelle con dieci e lode.

Si rimbocca le maniche e questa volta punta a spezzare la noia e la monotonia della moda maschile. Immagina e disegna un uomo che sappia vestire con la stessa classe di Vittorio De Sica e la disinvoltura di Frank Sinatra.

La consacrazione fiorentina lo riempie di gioia, ma lo stupore arriva alla fine della presentazione, quando uno dopo l'altro tutti i suoi clienti si affacciano nello stand. Una fiumana di persone, volti noti e altri visti per la prima volta. Voci e sorrisi sostituiscono le migliaia di mail ricevute e spedite in questi anni. Per l'ex ragazzo di Martina Franca è una rivelazione: intorno a lui non ci sono solo clienti, ma spettatori di quel grande circo bianco che è la moda.

LIQUIRIZIA AMARELLI

Rossano, Cosenza

Il suo nome di ragazza, Giuseppina Mengano, lo utilizza solo quando deve firmare documenti o atti notarili. Altrimenti lei è Pina Amarelli: ha ormai fatto proprio il nome di una famiglia che l'ha accolta fino al punto di affidarle il timone della propria azienda. È presidente di Amarelli liquirizia S.p.A., leader nella produzione e commercializzazione del celebre dolce nero, che proprio dolce non è.

Anche con la Calabria e con Rossano, sede dell'impresa, Pina ha sviluppato un legame profondo e tenace. Come le radici della pianta selvatica perenne da cui nascono i rombetti, le spezzate, spezzatine e favette, per cui l'Amarelli è famosa.

Chi utilizza la *Glycyrrhiza glabra*, come viene chiamata in botanica la pianta della liquirizia, non ha bisogno di coltivarla, anzi, conviene che non lo faccia, perché la pianta, con le sue radici che si sviluppano oblique e si estendono nel terreno fino a un metro e venti, necessita di crescere liberamente, su ampie superfici. Perciò era il prodotto tipico di chi possedeva vasti latifondi, con tanta terra inutilizzata a disposizione. I piccoli proprietari di una volta, invece, eliminavano queste piante, che ai loro occhi non facevano che invadere i campi e sottrarre proprietà nutritive alle altre coltivazioni.

La Calabria, dunque, con le sue grandi proprietà terriere, con i suoi terreni aridi, argillosi e il clima asciutto, è l'ambiente ideale per accogliere la *Glycyrrhiza* e rendere più intenso il suo aroma. « La nostra attività è strettamente legata al territorio. Lavoriamo radici in senso sia reale sia metaforico », spiega l'imprenditrice. « Oggi il nostro problema è riuscire a capire quanto può durare ancora il prodotto. La fine non è imminente; per ora la *Glycyrrhiza* è presente lungo tutta la costa ionica, per centinaia di chilometri da Metaponto a Crotone. »

La pianta della liquirizia è apprezzata fin dall'antichità, conosciuta per secoli per le proprietà benefiche e tonificanti, usata nella medicina. Solo verso il Cinquecento, tuttavia, si scopre che la radice può essere trasformata in un alimento energetico da portare con sé. Contiene zucchero che dà un minimo di nutrimento, è ottima nei climi caldi, fa trattenere il sodio e i liquidi e consente di sentire meno la sete. Nel Settecento i latifondisti calabresi più illuminati cominciano a intuire le sue potenzialità commerciali, e così anziché estirpare quella pianta selvatica dalle loro tenute, la rivalutano. Alcuni di loro, dopo che sei famiglie si sono spartite l'intero territorio della regione, possiedono fino a cinquemila ettari. Bisognerà aspettare altri due secoli e la nascita della Repubblica prima che il parlamento democratico approvi la Legge agraria per scorporare i possedimenti terrieri.

Tra i primi a cogliere le opportunità offerte dalla liquirizia vi sono i baroni Amarelli, che nel 1731 fondano l'omonima azienda, la seconda che nasce in quegli anni in Calabria nonché l'unica ancora esistente.

In quel periodo, nella Chiesa, era in corso una disputa su cosa si poteva assumere durante il digiuno senza interromperlo. I cibi solidi non erano ammessi, ma si potevano bere liquidi. Quali, però? Cioccolata, latte, brodo?

I signori della liquirizia si inventano il « succo solido ». In un grande capannone, chiamato dai contadini concio, fanno installare un primo impianto industriale, rozzo ma efficace, per estrarre il succo e ottenere un prodotto a lunga conservazione. Gli operai, dopo aver fatto bollire le radici, che altrimenti non si conserverebbero, separano la parte fibrosa da quella liquida, che continua a cuocere finché diventa un impasto più solido, ma sempre malleabile, a cui danno varie forme. Poi, una volta indurita, la liquirizia diventa petrosa e non si può più spezzare.

Fino ai primi del Novecento le donne prendevano questo prodotto ancora bollente e lo lavoravano a mano con grande abilità, come se fosse pasta. Pina ricorda di aver conosciuto alcune anziane che da ragazze avevano lavorato in fabbrica. Le vedeva impugnare con disinvoltura pentole bollenti, perché i calli che si erano formati nelle loro mani non lasciavano passare il calore. Oggi sono state sostituite dalle macchine, ma nella fabbrica si continua a produrre liquirizia pura, e questa è la peculiarità di Amarelli.

Una storia che attraversa i secoli e per questo non si deve interrompere. Pina la sente raccontare più volte e decide di diventarne protagonista, di essere lei a scriverne il seguito.

Pina è cresciuta in una famiglia colta e raffinata: la madre, Dina, è un'aristocratica toscana appassionata d'arte, il padre, Giuseppe, un avvocato.

Anche per questo la giovane si iscrive alla facoltà di Giurisprudenza di Napoli, la sua città, dove incontra, nel 1965, Franco Amarelli, suo futuro marito, discendente da un'antica famiglia di baroni e latifondisti calabresi.

A unirli ci sono tante affinità, tanti interessi comuni, fra cui il diritto romano. Lei, dopo la laurea, inizia a collaborare come assistente presso quella cattedra e lui diventa docente.

Una storia d'amore e di lavoro a centinaia di chilometri da Rossano e dalla fabbrica che Pina vede per la prima volta nel 1969, poco dopo le nozze celebrate all'ombra del Vesuvio. E le sembra di fare un salto nel passato. Tutto ruota intorno alla famiglia Amarelli, al barone Giuseppe, a suo suocero, detto Geppino, a Fortunato, il fratello maggiore di Giuseppe, e alle loro terre che vanno dallo Ionio alla Sila.

Nel palazzo quattrocentesco in cui vivono troneggia lo stemma della casata imparentata con gli Aragona e a pochi passi c'è l'azienda, in cui intere generazioni lavorano da tempo immemorabile. « Ho preso il posto di mio padre, il quale aveva sostituito mio nonno, che era succeduto al bisnonno. » Sembra una cantilena quella che i dipendenti usano per spiegare il loro legame con la fabbrica.

Una tradizione secolare che dà lavoro a tutti, o quasi, e di cui Geppino è strenuo difensore, nonostante i tempi duri per l'industria italiana. Quando, alla fine degli anni Sessanta, l'Opera Sila, un ente che vuole nazionalizzare le fabbriche e renderle pubbliche, gli offre trecento milioni per acquistare lo stabilimento, lui rifiuta nonostante non abbia nessuna certezza di chi prenderà il suo posto. I figli hanno già fatto altre scelte, all'apparenza irreversibili.

Per il momento, per Pina Rossano è solo un luogo nuovo, che invita a farsi esplorare. Fin dal primo viaggio in Calabria la giovane sposa si sente accolta e amata dalla famiglia di suo marito, ammira il loro senso di appartenenza a una storia da cui lei resta inconsapevolmente contagiata. Un pomeriggio, decide di inoltrarsi per le strade e le piazze del paese. Il suocero va in agitazione: una giovane donna non esce mai da sola. In realtà, non sarebbe questa la mentalità di Geppino, un uomo aperto e attento a ciò che accade nel mondo, ma in paese uno strano incantesimo sembra aver assopito gli abitanti in una quiete protettiva. I desideri di cambiamento sono lontani, come le contestazioni che riempiono le città europee.

Al rientro nel capoluogo campano la coppia ritorna agli impegni universitari e famigliari. I figli, Francesca Romana e Giuseppe, nascono rispettivamente nel 1972 e nel 1974. La Calabria è il luogo dei nonni, dove si va in vacanza.

È Valeria, la sorella minore di Pina, a rendere ancora più stretto il legame con gli Amarelli. Nel 1973 sposa infatti il fratello minore di Franco, Giorgio, il quale ha il talento dell'imprenditore e dopo un'esperienza di lavoro a Milano comincia a interessarsi allo stabilimento. Un sollievo per il padre, che asseconda con intelligenza ogni novità.

Nello stesso periodo Pina va a curiosare nel magazzino della memoria Amarelli, chiamato così perché racchiude documenti millenari, atti notarili antichi, abiti di broccato di seta ricamati a mano e le prime immagini promozionali dell'azienda, realizzate da illustratori e grafici fra il XIX e il XX secolo. Basta uno sguardo: la studiosa di diritto romano resta sedotta da quei pezzi indimenticabili e inizia a fare un'accurata selezione di bozzetti e manifesti. Come quello in cui Arlecchino, in una notte veneziana, lancia coriandoli e stelle filanti alla luna. O quello su cui sono rappresentate alcune monete d'argento per celebrare l'Esposizione di Torino del 1898. In un'altra illustrazione gli gnomi del bosco giocano su un'altalena, in un'altra ancora ghirigori bianchi su sfondo turchese propongono liquirizie all'anice, mentre per promuovere quelle alla menta una grafia raffinata trasforma la lettera maiuscola M in un nastro che avvolge i corsivi minuscoli dell'intera parola.

« Perché non utilizzarle per le scatolette di metallo, un materiale che può essere riciclato? » chiede Pina. Il suocero e il cognato acconsentono, e nel 1980 nascono confezioni singolari, capaci di colpire i compratori. Luigi Deserti della D&C di Bologna, distributore dello champagne Veuve Clicquot e cioccolata Droste, accetta di diventarne l'unico distributore, destinando le delizie di Rossano alla fascia alta del mercato. Oggi l'azienda esporta più di un milione di scatolette l'anno, ed è in aumento il numero di chi le colleziona, ovviamente dopo averne mangiato il contenuto.

Intanto il legame di amicizia tra Pina e Giorgio si rafforza, le due famiglie vivono nello stesso palazzo a Napoli, Francesca e Giuseppe considerano i cuginetti Cristiano e Marco come loro fratelli. In questo clima di affetto e di collaborazione famigliare, a Giuseppina Mengano in Amarelli viene l'idea di fare un museo della liquirizia, il gruppo si appassiona alla proposta e Giorgio inizia a progettarlo. Cataloga documenti, etichette e inizia a mettere insieme pezzi di storia della sua famiglia e della liquirizia.

L'apporto del fratello di Franco è fondamentale per lo sviluppo dell'azienda. Sono anni intensi, creativi e di grande soddisfazione. La liquirizia Amarelli è sempre più conosciuta e diffusa sia in Italia sia all'estero, ma per aumentare la produzione è essenziale creare nuove macchine per il concio, che rendano più veloce il lavoro, uno degli ambiti in cui il contributo di Giorgio si fa più sentire. Chi riceve dalla terra non può che rispettarla. Lungimirante, rende l'azienda compatibile con l'ambiente, non inquina e la stessa costruzione del museo rispetta l'antico luogo. Nella raccolta si fa attenzione a non strappare la radice fino in fondo, in modo che possa ricominciare a generare anno dopo anno. Poi, all'improvviso, nel 1986 Giorgio muore per un tumore diagnosticato troppo tardi.

Tutto nell'azienda sembra fermarsi. Ma non si può lasciare solo Geppino. Franco si occupa degli aspetti legali, il cugino Alessandro, figlio di Fortunato, abbandona per qualche ora al giorno l'ambulatorio di pediatria e si reca in fabbrica, mentre Margherita, sua madre, si occupa dell'amministrazione.

Per realizzare i sogni di Giorgio Amarelli, tuttavia, non basta seguire il lavoro quotidiano: serve una figura decisa e creativa, che ami la liquirizia e la sua storia. La risposta è Pina.

Le prime apparizioni televisive, le interviste sui quotidiani e i periodici confermano che è la scelta giusta. È lei l'immagine di Amarelli, di un'imprenditoria al femminile, un'eccellenza del Sud fra tradizione e futuro.

La casa di moda Chanel la sceglie come testimonial italiana. È un personaggio a tutto tondo, vince premi prestigiosi, si candida nel 1996 con i Popolari per Prodi, ricopre ruoli importanti in Confindustria. Non ha nessuna quota nell'azienda, e non ne vuole. È certa che non perderà mai ciò che ha costruito.

Il 21 luglio 2001 a Rossano si inaugura il Museo della liquirizia Giorgio Amarelli, quattrocento metri quadrati per scoprire la storia industriale e famigliare, e quella delle migliaia di calabresi che nei secoli hanno raccolto e lavorato la radice.

Se la pianta della liquirizia continua a crescere selvaggia significa che è un patrimonio di tutti, così come lo è il museo aziendale, il secondo più visitato in Italia nella categoria, con presenze che oscillano fra le trentacinquemila e le quarantamila l'anno, fra cui moltissime scolaresche. Gli studenti restano stregati dall'idea che in Calabria si possa fare impresa. Il successo è tale che nel 2004 le Poste italiane emettono un francobollo dedicato all'esposizione permanente calabrese.

Un riconoscimento per l'intera regione e un monito: dove ci sono attività produttive la criminalità ha le gambe spezzate. L'unico modo per sconfiggerla è dare occupazione.

La liquirizia diventa così l'ambasciatrice delle virtù di una terra. Tanti sono gli estimatori e i golosi, come conferma l'*Encyclopaedia Britannica*, secondo cui « la qualità più apprezzata in Gran Bretagna è quella calabra », appunto.

Intanto, come nelle migliori aziende famigliari, si è compiuto il passaggio generazionale. Da qualche anno Fortunato, figlio di Alessandro, il pediatra, è diventato l'amministratore. Il Cavaliere del lavoro Pina Amarelli continua a promuovere e a raccontare la storia di un prodotto prezioso, di un lavoro antico, di un territorio aspro e fiero. Fra settembre e novembre all'esterno del concio si vedono le cataste di liquirizia in attesa di essere raffinate. Oggi come un tempo la maggior parte dei contadini calabri porta a Rossano le radici, che continuano a crescere selvagge, frutto di una terra e un paesaggio da preservare. In un Paese come il nostro dove la cementificazione avanza mettendo a rischio il territorio, distruggerle per costruire è un delitto. Quei rami sotterranei agiscono nella profondità del terreno e lo tengono unito: estirparli significherebbe dare campo alle alluvioni, alle catastrofi ambientali. E non solo. Pina Mengano Amarelli preserva una cultura e tradizione che vanno oltre il prodotto: come le radici, le vicende della sua vita si innestano nel terreno calabro e come la liquirizia emergono fiere e pronte a rinascere ogni anno.

VINI DONNAFUGATA

Marsala, Trapani

Andarsene, magari per tornare. Per la giovane José Rallo lasciare la Sicilia era diventata una necessità. L'isola era troppo stretta per i sogni che affollavano i suoi diciotto anni. Voleva fare nuove esperienze, evadere, inventarsi. E soprattutto non voleva più essere controllata, e a Marsala si sentiva osservata anche dai sassi. Non sopportava più di vedere le donne messe ai margini sia nella vita sociale sia nel mondo del lavoro. Lei non aveva vissuto queste restrizioni in famiglia, ma le bastava uscire di casa e si sentiva assalire dal desiderio di fuggire. Rassicurata da una borsa di studio che le permetteva di essere autonoma, José si trasferì a Pisa per iscriversi a Economia alla Scuola superiore Sant'Anna.

Era il 1983 e mentre nasceva il marchio vinicolo Donnafugata, la donna che oggi lo rappresenta lasciava i vigneti e le cantine della sua terra. Proprio in quei mesi, infatti, dopo ventun anni di felice matrimonio, Gabriella e Giacomo, i suoi genitori, avevano creato un sodalizio di lavoro.

Gabriella aveva ereditato dal padre, nel 1974, una vigna di famiglia, a Contessa Entellina, nella

Valle del Belice. In pochi anni si era identificata così tanto in quelle terre che aveva abbandonato il suo lavoro di insegnante di inglese ed era diventata viticoltrice a tempo pieno, un lavoro all'epoca riservato ai soli uomini.

Da capoazienda, girava ogni mattina tra i filari e diceva ai dipendenti di fare esattamente il contrario di ciò che avevano fatto fino a quel momento. Proponeva un sistema diverso di coltivazione e di potatura.

Una matta, sussurravano i contadini al suo passaggio. Un'anticipatrice dei tempi, diceva lei fra sé. Aveva trovato un'impresa che ragionava in termini di quantità e aveva intuito che per rinnovarla doveva produrre meno e alzare la qualità. Fra un cambiamento e l'altro, per quasi dieci anni, aveva portato avanti da sola l'azienda, prima donna in Sicilia a osare tale impresa.

Il marito Giacomo Rallo, Cavaliere del lavoro, nel vino, o meglio nel Marsala, ci era nato. Rappresentava la quarta generazione di proprietari di una cantina produttrice del vino liquoroso. Alla fine del Settecento imprenditori inglesi avevano fatto la fortuna del territorio creando l'amabile formula del Marsala.

Secondo la tradizione inglese che l'aveva diffuso in Europa, chi produceva il Marsala possedeva solo le cantine e acquistava le uve dagli agricoltori. Alla fine degli anni Settanta, la famiglia decide di dismettere l'affare del Marsala. Era pronto per iniziare una nuova avventura con la moglie.

Insieme scelgono vitigni dai nomi conosciuti ovunque – Cabernet, Chardonnay – per creare un prodotto che abbia una visibilità internazionale immediata. Anche il nome da dare all'azienda è fondamentale per colpire l'immaginazione del cliente. Decidono di chiamarsi Donnafugata, che significa letteralmente donna in fuga, in ricordo della regina Maria Carolina, moglie di Ferdinando IV di Borbone, la sovrana che nei primi anni dell'Ottocento era scappata da Napoli e dalle truppe napoleoniche e aveva trovato rifugio nel cuore della Sicilia occidentale dove si trovano i vigneti aziendali.

La storia di Maria Carolina ispira anche il marchio dell'impresa, disegnato da Gabriella stessa: il volto di una donna con i capelli spettinati dal vento, riconoscibile su ciascuna etichetta. In quel profilo si intravede anche Angelica, la protagonista femminile del romanzo *Il Gattopardo* di Giuseppe Tomasi di Lampedusa. È nel palazzo di Donnafugata che la giovane borghese si innamora di Tancredi, e nelle stesse sale il principe Fabrizio Salina incontra il cavaliere Aimone Chevalley di Monterzuolo.

Con queste muse ispiratrici, nei vini di Gabriella e Giacomo si affaccia la Sicilia, la sua storia e la letteratura. Ma l'immagine e il marketing, pur azzeccati, non sostituiscono la sostanza. La coppia studia meticolosamente le viticolture internazionali, diverse da quelle del nostro Paese, e decide di adottare le tecnologie usate dai colleghi californiani, adatte al clima mediterraneo. Nelle cantine vengono ridotte le temperature di fermentazione per conservare meglio i profumi, nascono vini «di pronta beva» e via via di crescente qualità.

La scelta si rivela vincente. Nel 1986 scoppia lo scandalo del «vino al metanolo»: alcune case vinicole adulterano il vino miscelandolo con alcol metilico, una sostanza sintetica che viene usata per le vernici. Ventidue persone muoiono avvelenate, undici produttori vengono condannati.

Nell'immediato, per l'enologia italiana lo scandalo si trasforma in un crollo d'immagine e di vendite disastroso, ma per la cultura del vino è una svolta dalle conseguenze inattese. La truffa porta i consumatori a riflettere prima di ogni acquisto. Ora gli italiani si orientano verso il vino confezionato, più controllato. Bere quello sfuso è un rischio che nessuno vuole più correre. E così dalla tragedia del metanolo inizia la qualificazione dei consumi. Si beve meno e meglio e il mercato riparte.

Chi era già posizionato nella corsia giusta deve solo premere l'acceleratore, gli altri rimangono indietro con distacchi incolmabili. Gabriella e Giacomo sono fra i primi a ripartire e da allora sono ancora in viaggio.

Quando, nel 1990, José rientra a Marsala, Donnafugata ha già ottenuto importanti riconoscimenti, ma la giovane manager non si lascia intimorire. « Te ne vai dalla Sicilia perché l'avresti voluta diversa e ritorni perché pensi di poterla cambiare. Un odio-amore che ha un unico oggetto, la tua isola », spiega oggi l'imprenditrice. « Sono tornata perché pensavo di avere qualcosa da dire. »

Sette anni divisi fra gli studi, un'esperienza lavorativa presso una multinazionale americana con sede a Roma e la possibilità di girare l'Italia. Fin da subito la neolaureata in Economia scopre che le piace lavorare nel mondo dell'impresa, soprattutto nell'informatica e nel controllo della gestione aziendale.

Con la voglia di intraprendere cose nuove, telefona al padre e gli annuncia il suo ritorno e il desiderio di lavorare in azienda. Giacomo l'ascolta e l'assume come fosse una dipendente qualsiasi, con lo stipendio più basso. « A Donnafugata si inizia così, crescerai piano piano, come gli altri. »

José apre una trattativa con i genitori, vuole occuparsi dell'informatizzazione, dell'organizzazione, della pianificazione e del controllo di gestione dell'azienda, che sta crescendo a velocità supersonica. « Ne avete bisogno e io sono felice di poterlo fare. » Non vuole fossilizzarsi, nel proprio contratto esige anche un corso d'aggiornamento annuale.

La crescita culturale e professionale entra anche nell'impresa. Nel 1990 nessun impiegato ha mai usato Excel, Word, Internet e i data base, ma grazie all'intraprendenza di José le cose cambiano velocemente. Dopo l'informatica arriva la formazione sul vino, tanto che oggi a Donnafugata anche chi si occupa di conti correnti sa parlare del prodotto come un sommelier. «Non puoi avere i vertici di un'azienda in crescita e la base ferma. Siamo attenti a ogni assunzione, i nostri collaboratori sono diplomati o laureati.»

Fra i motivi del rientro, la figlia maggiore dei Rallo ne ha uno piacevole e decisivo: si è innamorata di un siciliano. Vincenzo Favara è legatissimo all'isola, lavora per una società assicurativa di cui diverrà agente generale ed è uno straordinario percussionista.

Il loro è un incontro casuale, a un concerto in cui lui si esibisce con la sua band. José ama cantare, sogna di interpretare le canzoni di Chico Buarque de Hollanda, Jobim, Toquinho, come se fosse una brasiliana. I due iniziano a frequentarsi e pochi anni dopo José diventa la voce solista. Nasce una storia d'amore, e nascono Gabriella e Ferdinando.

Ma quella tra Vincenzo e José è anche una lunga collaborazione artistica. Dal 1987 al 2007 fanno musica insieme, incidono due cd, di cui uno supera le quindicimila copie, raccolgono centoventimila euro in beneficenza per un ospedale e tengono concerti di musica jazz in Italia e all'estero. Fra i più memorabili quelli al Blue Note di Milano e di New York.

« Un'azienda si gestisce come una jazz band », scopre José fra un ritmo e l'altro. « Un minimo di regole e tanto spazio all'improvvisazione. I collaboratori non sono solo operativi, devono avere la libertà di trovare idee, soluzioni. Tutti meritano la nostra fiducia e possono dare un contributo. Noi imprenditori dobbiamo controllare saltuariamente il loro operato e crederci. »

Nel 1991, dopo un'esperienza in Germania, rientra anche Antonio, il secondogenito della famiglia Rallo, di due anni minore di José, una laurea in Agraria, un amore per le vigne e l'enologia.

È lui che guida la produzione e disegna le strategie commerciali di Donnafugata, e per la sua competenza e affidabilità nel 2014 è stato scelto quale presidente del neonato Consorzio della Doc Sicilia, che rappresenta oltre 2000 viticoltori dell'isola.

Per anni Gabriella e Giacomo avevano giocato a tennis in doppio con i figli, sfogando tutte le tensioni della crescita a colpi di racchetta. Il giorno in cui anche Antonio entra a tutti loro sembra di aver riaperto la partita.

Il 1995 viene ricordato in azienda come un'annata speciale e creativa. Per quell'anno Donnafugata si è data un obiettivo preciso: mettere in commercio un vino che possa diventare il simbolo del Nero d'Avola, il prodotto vinicolo siciliano più celebre, che campeggia sulle tavole di pranzi e cene raffinate.

Quando assaggiano il frutto dei loro sforzi restano tutti sorpresi. Ora è il momento di scegliere il nome adatto a promuovere un vino tanto speciale. « È un vino che racconta », afferma Gabriella. « Lo chiameremo Mille e una Notte, il capolavoro della letteratura orientale. » Giacomo non vuol sentir ragioni: un vino serio non può avere un nome che distrae il consumatore, ne penseranno un altro.

La moglie però non si lascia convincere e dopo due giorni si presenta negli uffici con l'etichetta che ha ideato per sostenere la sua scelta. Su un cartoncino blu notte, ha incollato il profilo del palazzo di Donnafugata, ha dipinto una falce di luna e le stelle, in un angolo ha tracciato i vigneti e una palma che si staglia verso il cielo. Ha ragione, è l'etichetta giusta. Mille e una Notte viene presentato nel 1999 alle fiere del settore. È immediatamente apprezzato, un eccellente vino autoctono, un'altra bandiera di qualità per la viticultura dell'isola.

L'etichetta preziosa e il nome evocativo non sminuiscono la sorpresa che si ha aprendo le bottiglie a cui sono destinate, ma la sottolineano. Da allora Gabriella non smette di creare le sue magiche composizioni, con disegni che sembrano usciti da un libro di fiabe. E i nomi scelti per bianchi e rossi continuano a essere pensati e suggestivi: Sur Sur, che in arabo significa grillo, Angheli o Vigna di Gabri, un meritato omaggio alla signora del vino.

Tra le tante sfide vinte da Donnafugata vi è anche quella di inserire Pantelleria nel mondo dell'enologia di qualità. Portare l'azienda sull'isola è sempre stato uno dei chiodi fissi di Giacomo, ma all'inizio le difficoltà sembrano insormontabili.

Quell'isola vulcanica, fra la Sicilia e l'Africa, è misteriosa e altera, come le terrazze delle vigne ad alberello basso, circoscritte da muri a secco di pietra lavica. A Pantelleria la produzione vinicola non era sfruttata al meglio. Secondo Giacomo Rallo era un'opportunità da cogliere, anche per soddisfare le richieste dei tanti amici che d'estate trascorrevano le vacanze lì.

Sull'isola, poi, è difficile lavorare, poiché la coltivazione è interamente manuale. Il costo della manodopera diventa tre volte superiore a quello richiesto nelle terre di Contessa Entellina, ma i coniugi e soci Rallo non cedono, e nel 1989 impiantano la prima coltivazione per produrre vini naturali dolci.

Oggi, sull'isola, Donnafugata ha sessantotto ettari impiantati a moscato, detto zibibbo, con duemilacinquecento, in alcune zone anche tremilaseicento, piante per ettaro, alcune risalenti a cento anni fa. Da questi vigneti nasce, tra gli altri, Ben Ryé, che significa «Figlio del vento», il nome più adatto per un passito di Pantelleria (in arabo *Bent-el-Rhia*, «Figlia del vento»).

Ben Ryé è dolce, con un'aggiunta di uve appassite, e viene lavorato direttamente nelle cantine pantesche che la famiglia Rallo ha aperto in contrada Khamma. È un vino che racchiude i tanti caratteri della famiglia. Da Gabriella ha preso la poesia, da Giacomo la determinazione, da Antonio la perseveranza, da José la tenacia e un pizzico di brio.

Nel 2014 per l'isola arriva un premio inatteso: la vite ad alberello di Pantelleria viene iscritta nella lista dei beni dell'Unesco. Per la prima volta una pratica agricola antica e moderna viene riconosciuta patrimonio dell'umanità, la conferma della bontà di una scelta imprenditoriale che coniuga modernità e tradizione.

RINGRAZIAMENTI

Per avermi supportato con eccezionale disponibilità e competenza ringrazio la casa editrice Longanesi. Sono grata anche ai suggerimenti di Margherita d'Amico e Pietro De Maria. Per l'aiuto nei momenti difficili ringrazio Giorgio Gandola e Giulio Lissi.

Indice

Fotocomposizione Editype S.r.l.
Agrate Brianza (MB)

Finito di stampare
nel mese di settembre 2015
per conto della Longanesi & C.
da Rotolito Lombarda S.p.A. – Seggiano di Pioltello (MI)
Printed in Italy